Vorwort

Eine Puffbohne spricht

Bitte kein mokantes Gesichtsverziehen und verhuschtes Gekicher. Ich bin eine Puffbohne, denn man nennt alle in Erfurt Geborenen so. Darum bekommen die in der Thüringer Landeshauptstadt frisch Geschlüpften heutzutage als kleines Begrüßungsgeschenk eine Plüschbohne. Also nichts mit Puff und Rotlicht, sondern Bohne zur Ernährung mit einem den Verdauungsvorgang abschließenden, ordentlichen Puff-Geräusch.

Das gefällt nicht jedem, nicht einmal die Erfurter Touristiker sind so richtig glücklich mit der Puffbohne, die sich aber bei guter Nachfrage tapfer auch als fröhliches Erfurt-Maskottchen im Angebot hält. Und nun grinst sie sogar vom Titelbild dieses Buches.

Schon wieder ein Buch über Erfurt!? Aber nein doch, denn es ist nicht das x-te mit den Haupttrampelpfaden für Besucher, die auf kürzestem Wege von Sehenswürdigkeit zu Sehenswürdigkeit geführt werden wollen. Davon hat Erfurt wahrlich genug. Es ist eigentlich ein Buch für Erfurter, die lange nicht in ihrer Stadt unterwegs waren.

Einheimische denken ja bis kurz vor ihrem Tod: Ist alles da, kann ich morgen noch hingehen. Und so entgeht den Ureinwohnern einer Stadt durch Alzheimer oder Niemalshingehen, wie schön, interessant, spannend und manchmal auch eigenartig die eigene Heimat an vielen Stellen ist. Diese Stadt in der Mitte Deutschlands mit dem Roland, der kein Roland ist, mit Ecken und Kanten voller Geschichte und Geschichten ist tägliche Spaziergänge wert.

Es ist unmodern, durch die Stadt zu flanieren? Na und, was schert Sie das?! Sie können ja als Tarnung einen Erfurt-Besucher mitnehmen. Kann allerdings sein, der erzählt Ihnen mehr über Erfurt als Sie ihm. Vielleicht hat er ja dieses Buch schon gelesen …

Ulf Annel

111 Orte

22

1 Die Adam-Ries-Büste

Mit allem ist zu rechnen

Flaniert man durch Erfurts Innenstadt, kann man keinen Schritt gehen, ohne auf oder an Geschichte zu stoßen. Manchem helfen die Zeugnisse der Vergangenheit auch beim Wiederaufrichten nach alkoholisiertem Hingestolper. Sehr oft geschieht das in der Michaelisstraße, die ist nämlich gleichzeitig Erfurts »steinerne Chronik« und längste Kneipenmeile.

Eine im wahrsten Wortsinn »heraus-ragende« Erfurter Persönlichkeit, zu der man beim Aufstehen aufsehen kann, ist Adam Ries, dessen Bronzebüste vorwitzig aus der Wand vom »Haus zum schwarzen Horn« ragt. Der Ur-Mathelehrer der Nation lebte ab 1513 rund zehn Jahre in Erfurt. Er wohnte vermutlich in der Drachengasse im »lateinischen Viertel« an der Universität. Seine Zeit an der Erfurter Uni – nach dem päpstlichen Gründungsprivileg 1379 die älteste im heutigen Deutschland – war Adam Ries' wissenschaftlich fruchtbarste. Die bedeutendste »Frucht«, sein erstes Rechenbuch »Rechnung auff der Linihen«, wurde 1518 von Mathes Maler genau hier in der Michaelisstraße 48 gedruckt; 1522 auch das zweite. Um die Rechnerei auf den Linien möglichst allen ganz unelitär verständlich zu machen, schrieb Ries die Anweisungen nicht in der damals üblichen Gelehrtensprache Latein, sondern in Deutsch. Die Bücher erreichten weit über 100 Auflagen und wurden Volksgut.

Das »Haus zum schwarzen Horn« war sozusagen ein Hoch-Sitz der Schwarzen Kunst, mit beweglichen metallenen Lettern schnell und preiswert zu drucken. Auch zahlreiche die Massen elektrisierende Flugschriften Martin Luthers wurden hier massenpassend vervielfältigt, ebenso wie sein erstes Gesangsbuch.

Wer übrigens an der Ries-Büste nach unten schaut, entdeckt eine Bronzetafel, eingelassen ins Pflaster des Bürgersteigs. Es ist ein Rechenbrett, mit dem man das Geburtsjahr des Meisters des etwas größeren Einmaleins herausbekommen kann. Das macht nach Adam Ries?

Adresse Michaelisstraße 48, 99084 Erfurt-Altstadt | ÖPNV Straßenbahn 3, 4 und 6, Haltestelle Fischmarkt | Tipp Laufen Sie einfach die Michaelisstraße und die angrenzenden Gassen ab: ein beeindruckendes Flächendenkmal, weitgehend erhalten seit dem Mittelalter.

2 Altenburgs Alach

A & P – attraktiv und preisenswert

Dieser Ort ist auf den Kammerton und den Alphabet-Erstbuchstaben A gestimmt. Alt ist Alach, schon am Anfang des 9. Jahrhunderts waren Alacher hier. Aber ab 1104 hießen die Alacher Peterlinge, weil hier fast alles dem Erfurter Peterskloster gehörte. Es blieb allerdings nicht beim P, weil das reiche Erfurt Alach Areal für Areal aufkaufte. 1994 wurde Alach amtlich an Erfurt angebunden.

An der Alacher Kirche St. Ulrich ist eine Tafel angebracht, im Andenken an Michael Altenburg, allseits anerkannter Autor von Kirchenliedern, Theologe und Pfarrer. Altenburg wurde 1584 als Sohn des Alacher Schmieds geboren und in Erfurt ausgebildet, wo er anschließend eine Anstellung als Kantor der Andreaskirche und Rektor der Reglerschule fand. Dann änderte er sein Anstellungsverhältnis und arbeitete als Pfarrer. In Tröchtelborn und Sömmerda komponierte und textete er seine populär gewordenen Lieder »Aus Jacobs Stamm ein Stern sehr klar«, »Herr Gott, nun schleuß den Himmel auf«, »Jesu, du Gottes Lämmlein« und »Was Gott tut, das ist wohlgethan, kein einzig Mensch ihn tadeln kann«.

Schwedenkönig Gustav Adolfs Lieblingslied (siehe Seite 78) war »Verzage nicht, o Häuflein klein«. Text und Musik sind höchstwahrscheinlich von Michael Altenburg. Der schrieb auch Hochzeits-Motetten für sieben Stimmen und vielstimmige »Liebliche vnd Zierliche Intraden« sowie musikalische »Festgefüge für fünf bis vierzehn Stimmen«.

Und er verfasste das Lied zum Euro-Rettungsschirm. – Nein, das ist freilich gelogen, aber sein »Musikalischer Schirm und Schild der Bürger etc.« könnte heute vielstimmig von den ansonsten kakofonen Euro-Staaten gesungen werden. Das würde zur Abwechslung mal für ein wenig Harmonie sorgen. Auf Kammerton A anstimmen, bitte. Und beim Singen an Michael Altenburg denken, der im 30 Jahre dauernden Religionskrieg seine Frau und zehn seiner 13 Kinder verlor.

Adresse Kirche St. Ulrich, St.-Ulrichs-Gasse, 99090 Erfurt-Alach | **ÖPNV** Stadtbus 90, Haltestelle Alach | **Tipp** Drei Kilometer von Alach entfernt liegt der Golfplatz Schaderode, ein nicht ganz einfach zu spielender, rund 22 Hektar großer 9-Loch-Platz. Gäste sind immer willkommen.

3_Altes Innenministerium

Guck mal, wer da hämmert

Das war mal ein Hochsicherheitstrakt. Schließlich sollten in die Bezirksbehörde der DDR-Volkspolizei ebenso wenig staatsuntreue Gestalten eindringen wie in das Innenministerium Thüringens. Mit Thüringens erstem Nachwende-Innenminister Willibald Böck, genannt Willi der Hammer, zog außerdem eine gewisse Skandalträchtigkeit ein.

Dabei war der Gründungsgedanke des prächtigen Hauses ein ganz anderer als die Aufrechterhaltung des staatlichen Gewaltmonopols. Die Geschichte beginnt in Erfurts Haus Nummer 1770 (siehe Seite 86). Dort wohnte der Kalkulator der Thüringischen Eisenbahngesellschaft Karl Ferdinand Wehle. Nachhaltiges Klinkenputzen erbrachte ausreichend Kapital, um 1853 mit königlich-preußischer Genehmigung in Erfurt die »Thuringia«-Versicherung zu gründen. Die Gründeraktie war ein 41 mal 26 Zentimeter großes Kunstwerk mit Erfurt-Silhouette und Wappenrad, Vignetten der Versicherungsbereiche und Preußenadler obenan. Heute hat so ein Blatt Sammlerwert und kommt schon mal für 1.000 Euro unter den Hammer.

1883 hatte die »Thuringia« mit Direktor Wehle an der Spitze anscheinend genug Geld verdient, um sich einen repräsentativen Firmensitz im neoklassizistischen Stil auf das Areal an der Ecke Schillerstraße / Arnstädter Straße bauen zu lassen. Anbauten in weiteren Stilen folgten. Nach Geschäftsausweitung, Inflation, Krieg und Nachkriegszeit schlüpfte die »Thuringia« unter die Fittiche einer großen Versicherung. Polizei zog ins Gebäude. Dann die Beamten des Innenministeriums, als Nachmieter der Hausschwamm. Personenschützer trainierten dort. Künstler organisierten temporäre Ausstellungen mit Werbetexten à la: »Die Ausstellung kann Ihr sittliches Empfinden verletzen und ist für Kinder nicht geeignet.«

Und dann wieder Gehämmer. Das alte Haus bekam ein neues Innenleben und beherbergt heute Säle für eine Tanzschule, Räume für die Johanniter, Wohnungen und einen Hundesalon.

Adresse Kreuzung Schillerstraße/Arnstädter Straße, 99096 Erfurt-Löbervorstadt | **ÖPNV** Straßenbahn 1 und 6, Haltestelle Kaffeetrichter | **Tipp** Die Gaststätte »Hopfenberg«, Am Hopfenberg 14, ist ein gepflegtes Traditions-Gasthaus mit großem Wintergarten, der einen wunderbaren Erfurt-Blick bietet.

4 Die Arche

Einmal Noah sein

Auf das Wort »Arche« stößt man gleich mehrfach in Erfurt: die Gassen Kleine Arche und Große Arche, das Kabarett »Die Arche«, die urige Kneipe »Arche Noah«, eine Werbeagentur und ein Kindergarten tragen diesen Namen. Und es gibt hier die Arche, jenes Schiff, mit dem Noah angeblich am Berg Ararat gestrandet ist, als das große Wasser ablief. Neuerdings befindet sie sich erstaunlicherweise in einem Erfurter Keller unter einem der vielen ehemaligen Waidspeicher in der Innenstadt.

Gespeichert wurden darin aber nicht die Erfolge der Waidmannstätigkeit; auch Jägerschnitzel waren nie im Angebot. Waid war über Jahrhunderte *das* Blaufärbemittel, ein Monopol, das den Erfurter Waidjunkern goldene Nasen verschaffte und erst mit der Einführung von Indigo gebrochen wurde. Das Wissen um die Waidverarbeitung ging im Chemiezeitalter fast völlig verloren. Die Waidspeicher blieben stehen, wurden Lager für ganz andere Produkte.

Und nun bevölkern im Keller des Hauses Große Arche Nummer 14 Tiere die Arche Noah, manche von Waidmännern gejagt, manche – wie der Löwe Ramses, früher Bewohner des Erfurter Zoos – an Altersschwäche gestorben und andere als touristische Schmuggelware vom Zoll beschlagnahmt und professionellen Tierpräparatoren übergeben. Alle Tiere auf dieser Arche scheinen lebendig zu sein, nur kurz per Fernbedienung auf »Pause« geschaltet. Ein frappierender Eindruck. Die Erfurter Präparatoren sind echte Spezialisten auf ihrem Gebiet, nehmen regelmäßig an Weltmeisterschaften teil und räumen ebenso regelmäßig erste Preise ab.

Auf der Erfurter Arche kann man sitzen, eine Weile die Idylle auskosten, den Wellengang fühlen und sich von Schiffsratte Rainer erzählen lassen, wie das mit der Sintflut wirklich war. Tiere aus aller Welt, friedlich nebeneinander, wie es nur im Märchen oder in biblischer Legende geht. Eine bunte Artenvielfalt, die der einfältige Mensch immer mehr dezimiert.

Adresse Naturkundemuseum, Große Arche 14, 99084 Erfurt-Altstadt | **ÖPNV** Straßenbahn 3, 4 und 6, Haltestelle Domplatz, dann der Ausschilderung folgen | **Öffnungszeiten** Di–Do 10–17 Uhr, Fr 10–16 Uhr, Sa und So 11–17 Uhr | **Tipp** An jedem ersten Dienstag im Monat ist der Eintritt frei – wie auch in allen anderen Erfurter Museen.

5 Die Auenstraße

Verkehrsberuhigte Zone

Diesen Ort muss man sich erlaufen, einmal rund ums Geviert. Man beginnt in der Zone. Das ist kein schönes Wort, und wenn die Zone eine verkehrsberuhigte ist, kann der wortspielende Zeitgenosse an eingeschränkten Sex denken. Aber viel schlimmer! Hier ist die freie Fahrt für freie Bürger eingeschränkt! Zwischen Albrecht- und Waldemarstraße ist die Auenstraße durch Hochbeete, Rabatten und Bäume eingeengt. Es ist die älteste verkehrsberuhigte Zone Erfurts, darum ist sie so schön grün.

Weiter geht man durch die Waldemarstraße (die hieß lange vor Cierpinski so), dann in die Adalbertstraße. Die Häuser sind ein Stück Erfurter Volksbefriedung, denn als Ende des 19. Jahrhunderts der industrielle Aufschwung einige reich machte, blieb der Großteil arm. Damit die Armen nicht der roten Umsturzpartei – damals hatte die SPD diesen Part inne – in die Arme getrieben wurden, steuerten kluge Bürger gegen. Einer war der Unternehmer und Stadtrat Ferdinand Schmidt, der erste Vorsitzende des 1878 frisch gegründeten Spar- und Bauvereins. Er zeichnete die Pläne und leitete um 1900 den Bau von geräumigen und hygienischen Wohnungen für 2.000 Vereinsmitglieder. Am Uhrturm Ecke Karlstraße / Adalbertstraße muss man hochnäsig gucken, dann entdeckt man den Schmidt, auf einer bronzenen Gedenktafel.

Zum Ausruhen setzt man sich »bei Luthern« schräg gegenüber in die – hier muss man Erfurts offizielle Internetseite zitieren – »antikisierende, symmetrische Denkmalanlage in Form einer weit ausschweifenden zweiteiligen Sitzbank aus Kalkstein mit geschwungenen Seitenwangen und schmalem vertieften Banddekor und einem von toskanischen Säulenvorlagen flankierten, überhöhten Mittelteil mit profilierten Horizontalgesims, das ein großes Bronzerelief mit einer Szene aus dem Leben Martin Luthers enthält.« Sitzt sich doch gleich viel erhebender. Dann Karlstraße und zurück zur Auenstraße, der Verkehr beruhigt sich.

Adresse Auenstraße, 99089 Erfurt-Andreasvorstadt | ÖPNV Straßenbahn 3 und 6, Haltestelle Baumerstraße, dann die Treppenstraße abwärts | Tipp Die Bäckerei Weißleder in der Auenstraße 76: Hier befindet sich Erfurts letzter Steinofenbäcker.

6 Das Augustinerkloster

Luther entkommen

Martin Luther ist hier allgegenwärtig. Am 17. Juli 1505 trat er erstmals durch die Pforte in der Comthurgasse ins Kloster der Augustinermönche. Ein kleiner Schritt für Martin, ein großer Schritt für die Menschheit, denn dieser Schritt hat Europa und die Kirche des Mittelalters heftig durcheinandergewirbelt. Die Folgen reichen bis heute. Beim Besuch von Papst Benedikt war das zu spüren. Der ist immer noch sauer auf Martin.

Ströme von Besuchern werden durchs Kloster geleitet. Und doch kann man dem Touristenrummel entkommen: Ein Weg führt in den Keller der ehemaligen Klosterbibliothek – die neue ist übrigens ein architektonisches Kleinod moderner Baukunst, Historie und Heutzeit klug verbindend. Im Keller wurde ein »Ort der Stille« eingerichtet. Dort starben am 25. Februar 1945 durch eine Fliegerbombe 267 Menschen. Nur ein kleines Mädchen und ein Hund konnten aus den Trümmern gerettet werden.

An diesem Ort wird immer wieder darauf verwiesen, wessen Schuld der Krieg war, aber auch immer wieder um Frieden und Versöhnung gebetet. Im Raum steht ein Nagelkreuz aus Coventry. Nach der Zerstörung der dortigen Kathedrale durch deutsche Bomben hatte der Dompropst Richard Howe zwei Worte in die Chorwand einmeißeln lassen: Father forgive. Vater vergib.

Man kann einen kurzen Abstecher in die Augustinerkirche machen, deren heutiger Zustand maßgeblich dem preußischen König Friedrich Wilhelm IV. zu verdanken ist. Er zweigte etwas Staatsknete ab und ließ das baufällige Gebäude im neugotischen Stil restaurieren, damit es 1848 als Tagungshaus des Unionsparlaments dienen konnte. Rund 300 Politiker stritten sich damals um einen Verfassungsentwurf. Erstmals stritt ein gewisser Otto von Bismarck mit. Ein kleiner Schritt für Otto, ein großer für …

In der friedlichen Idylle des Renaissancehofs kann man in Ruhe über all das nachdenken.

Adresse Augustinerstraße 10, 99084 Erfurt-Altstadt | ÖPNV Straßenbahn 1 und 5, Haltestelle Augustinerstraße | Öffnungszeiten Empfang: Mo–Fr 8–18 Uhr, Sa 8–16, So und Feiertage 10–14 Uhr | Tipp Die Georgenburse – Luthers Studenten-»Wohnheim« – liegt etwas versteckt in der Augustinerstraße. Daselbst gibt es eine Ausstellung und eine Pilgerherberge.

7__August-Röbling-Straße

Thüringisch-amerikanischer Drahtseilakt

Die August-Röbling-Straße ist lang und dreckig. Streckenweise gibt es nicht mal einen Bürgersteig, und man muss auf Rasen oder Trampelpfade ausweichen. Die Straße führt durch ein Industriegebiet, Möbel- und Autohäuser haben sich zwischen Lagerhallen und dem allseits beliebten Amt, das des Bürgers Steuergeld eintreibt, angesiedelt.

Die Amerikaner kennen Johann August Röbling als John A. Roebling. Immerhin hat er die vielleicht berühmteste Brücke der USA gebaut, die Brooklyn Bridge in New York. Geboren wurde er in Mühlhausen, wo er vom Gymnasium flog. Er lernte begierig und begeistert in Erfurt am Privat-Pädagogium des jüdischen Mathegenies Dr. Ephraim Salomon Unger, studierte an der Königlichen Bauakademie in Berlin und plante, in Preußendeutschland Hängebrücken zu bauen. Die wollte aber keiner haben. Also wanderte August samt Bruder Karl und weiteren Mühlhäusern nach Amerika aus. Man gründete die Siedlung Germania (später Saxonburg) und bastelte an einem Drahtseil, das Brücken hält. Das Werk gelang, und Röbling baute unter anderem eine Zweietagenbrücke über den Niagara. 1865 begann das Abenteuer Brooklyn Bridge. Vier Jahre nach Baubeginn erlitt Röbling einen Unfall mit anschließender Infektion und Exitus. Tausende erwiesen ihm bei seiner Beerdigung die letzte Ehre. Deutschland schaffte es 2006, eine Röbling-Briefmarke zu drucken.

Röbling hinterließ neun Kinder, eines setzte seine Arbeit fort: Washington Roebling. Doch auch er erkrankte und musste den Fortgang der Bauarbeiten fortan per Fernrohr aus dem Rollstuhl beobachten. Seine Frau Emily übernahm die Bauleitung. Am 24. Mai 1883 war sie die Erste, die die Brücke überquerte. Wie müsste also die Straße in Erfurt eigentlich heißen?

Als Thüringen 2012 eine neue Imagekampagne startete, begann der Film mit Bildern der Brooklyn Bridge. Kaum einer verstand, wieso eine amerikanische Brücke für Thüringen werben sollte.

Adresse August-Röbling-Straße, 99091 Erfurt-Gispersleben | **ÖPNV** Bus 20, Haltestelle Finanzamt | **Tipp** »Schimmis Eiscafé« in Gispersleben, über Bernauer Straße und Gubener Straße erreichbar, war einst eine Holzklappe und ist heute ein Café – und »Schimmi« ein legendärer Eishersteller.

8 Der Bahnhof Kühnhausen

Historische Weichenstellungen

Bahnhöfe sind Orte der Sehnsucht. Aber wie das mit den Süchten so ist, es gibt viele verschiedene, die menschlichen Geschmäcker sind da recht unterschiedlich. Wenn man zum Beispiel Eisenbahnfans das Wort »Jüdel« hinwirft, rufen sie sofort: Stellwerke! Und im Internet tobt die Gleisverrückten-Community vor Begeisterung.

Hier im Kühnhäuser Bahnhof steht ein »Jüdel«. Ist nicht so einfach zu entdecken, man muss sich ein bisschen auf die Zehenspitzen stellen, denn die Fenster des Stellwerks sind bis auf halbe Höhe mit Sichtblenden versehen. Drei Gleise werden von dort aus bedient, und natürlich die Schranken – per Hand mit wenigen Umdrehungen der großen Leier. Seit 1868 laufen Gleise an Kühnhausen entlang, etwas später entstand das Bahnhofsgebäude. Ein Fortschritt, lange vor vielen anderen Fortschritten: zentrale Wasserversorgung erst ab 1936, ab 1976 arbeitete die große Kläranlage – für Erfurt. Kühnhausen wurde erst nach 2002 an die öffentliche Kanalisation angeschlossen. So geht das. Und wäre am 10. April 1945 nicht ein alter Dörfler mit weißer Flagge den Amerikanern entgegengeradelt, hätten die Amis nicht nur die rumballernden Nazifunktionäre, sondern das ganze Dorf samt Bahnhof weggebombt. Über all die Jahrzehnte hinweg verrichtet das Stellwerk bis heute seinen Dienst. Produziert hat es einst die Firma Max Jüdel & Co AG, Braunschweig.

Dieser Max war ein, der Name legt's nahe, jüdischer Industrieller. Eine Frohnatur. Er gründete 1872 den Braunschweiger Carnevalsclub, der heute noch aktiv ist und das Gründungsjahr im Namen trägt. Max initiierte mehrere Stiftungen und vererbte seine Villa der Stadt als Sitz des Oberbürgermeisters. In der braunen Zeit schwiegen die Braunschweiger über all das. Die »Eisenbahnsignal-Bauanstalt« ging in den Besitz von »Siemens & Halske« über. Was hat ein Graffiti-Sprayer an eine Wand des Kühnhäuser Bahnhofs gesprüht: Verbrechen lohnt sich …

Adresse Bahnhofsweg 4, 99090 Erfurt-Kühnhausen | **ÖPNV** Stadtbus 15, Haltestelle Kühnhausen Friedhof | **Tipp** Es gibt eine Camping- und Freizeitanlage am See in Kühnhausen, mit Sport- und Spielplatz, Gaststätte und einem Barfußpfad.

9 Die Barfüßerruine

Bettler, Bomben, Bretterwelten

Zu Zeiten, als der ostdeutsche Teil vom Westen »Zone« genannt wurde, gab es einen Fußbekleidungsrenner namens Jesuslatschen. Hieß nicht offiziell so, wurde aber immer so genannt. Gerade die Atheisten wussten das Wort »Jesus-Latschen« genüsslich auszusprechen, gingen in denselben an der Ruine der Barfüßerkirche vorbei und wussten wenig oder nichts von den Barfüßern. Franz von Assisi war einer. Von den »Unbeschuhten Karmeliterinnen« übernahmen die Barfüßer-Bettelmönche dieses Zeichen der Entsagung von Schnabelschuhen und Quadratlatschen. Es gab immer radikale Barfüßer und solche, denen auch das strumpflose Gehen in Sandalen als barfuß galt.

Die Barfüßerkirche in Erfurt wurde 1944 in der Nacht zum Totensonntag von einer britischen Luftmine getroffen, das Langhaus zerstört, der Hohe Chor schwer beschädigt. Ein Erfurter Künstler hat auf einem Totentanz-Relief, das demnächst in Bronze gegossen werden soll, den Tod mit Flugzeugflügeln mehrfach ins Kirchendach fliegen lassen.

Im Nachkriegswinter wärmte das Kirchengestühl Körper und Seelen der Kirchennachbarn. Glücklicherweise hatte man vor der Zerstörung die Farbglasfenster von 1230 sicher ausgelagert, sodass sie 1950 wieder am angestammten Platz eingefügt werden konnten. Als die Mitgliederzahl schrumpfte, vereinigte sich die Barfüßer- mit der Predigergemeinde. Die Stadt übernahm das als national wertvoll eingeordnete Kulturdenkmal, sicherte und sanierte, machte aus dem Chor ein Museum für mittelalterliche Kunst. Die Ruine des Kirchenschiffs blieb ungenutzt, bis Schauspieler sie als Spielort für ihr Sommertheater entdeckten. Ausschließlich Shakespeare-Stücke gingen hier bisher über die Bühne. Romeo und Julia starben oft auf ambulanten Brettern, die die Welt bedeuteln. Und im Auditorium sieht man Pumps neben Turnschuhen, maßgefertigte Treter neben immer seltener werdenden Jesuslatschen.

Adresse Barfüßerstraße, 99084 Erfurt-Altstadt | ÖPNV Straßenbahn 2, Haltestelle Angerbrunnen, rechts durch die Meister-Eckehart-Straße | Öffnungszeiten Museum: Di–So 10–17 Uhr | Tipp Das Restaurant »Zumnorde«, Grafengasse 2–6, bietet eine sehr gute Küche zu fairen Preisen in gepflegter Atmosphäre.

10 Das Barockschlösschen

Ruhepunkt im Stadtgewühl

Sag einem Erfurter, dass mitten in der Stadt, gleich neben dem Rathaus, ein Barockschlösschen steht, und er erklärt dich für verrückt. Das vor sich hin verfallende Kleinod steht als Quergebäude hinter dem »Haus zum breiten Herd«, eigentlich an einer der Per-pedes-Magistralen Erfurts, aber die meisten haben das Barockschlösschen noch nie gesehen. Erbauen ließ es 1727 der Besitzer des Vorderhauses, der braunschweigische Gesandte, hannoversche Legationsrat und Landrat Christoph Schulze – damals übrigens auch Besitzer von Schloss Molsdorf. Irgendwie muss er geahnt haben, dass ihm für laue Sommerabende und Aktenabarbeiten in seinem Schlösschen nicht mehr viel Zeit bleibt, und er wählte die Giebelinschrift: »Gott gebe allen nach diesen Mühen Ruhe«.

1728 starb Rat Schulze. Schon zu Lebzeiten sehnte er sich ewig nach Ruhe. Darum sicher eine weitere Hausinschrift im Hof: »Solitudo mea miliprovincia«. Frei übersetzt auf Neudeutsch: »My home is my castle«. Und gleich vorn überm Tor mit Blick aufs Rathaus steht die Warnung, dass wir nur Gast sind auf der Erde.

Rat Schulze hat sich sein Hotel für den Aufenthalt nach dem irdischen Dasein in Molsdorf errichten lassen: die Kirche St. Trinitatis. Hinterm Altar der Kirche hängen zwei reich verzierte Epitaphe für ihn und seine Ehefrau. Die beiden liegen höchstrestlich in einer Gruft unter dem Kirchturm.

Als ins »Haus zum breiten Herd« ein Gastronom einzog, wurde es Tanzhaus und Lokal. Damals hieß es in Erfurt: Wer will leben und Leben seh'n, der muss zu Perini geh'n! Die Kellner des Etablissements sollen im Hof auf Ponys zwischen den Gästetischen unterwegs gewesen sein. Service mit einem PS. Als ob ein Kellner nicht auch ohne tierische Unterstützung vom hohen Ross herunter bedienen könnte. Und was wird aus dem Barockschlösschen? Dem Ohrensagen nach soll ein Ministerpräsident mal vorgeschlagen haben: eine elegante Raucherlounge.

Adresse im Hof von Fischmarkt 13, 99084 Erfurt-Altstadt | ÖPNV Straßenbahn 3, 4 und 6, Haltestelle Fischmarkt | Tipp Im Innenhof findet man den Eingang zum Keller des Jazzclubs Erfurt. Auch ein, zwei Blicke in die Schauwerkstatt Glaskunst (der Ausschilderung folgen) lohnen sich.

11 Der Benary-Speicher

Grüner Daumen und goldene Nase

Das Haus war einst Erfurts wichtigste Samenbank. Heute gehört es einer Bank, also einer monetären Einrichtung, die das Haus der Stadt zur Nutzung als Druckereimuseum und Schaudepot auf Dauer ausleiht. So setzt sich bürgerschaftliches Engagement fort.

Alles begann 1843 mit einer Mini-Gärtnerei, die Ernst Benary durch Fleiß und Geschäftssinn immer weiter vergrößerte und zu einer Weltfirma für Zucht und Vertrieb von Blumen- und Gemüsesamen machte. Versandkataloge ließ er bald in verschiedenen Sprachen drucken. Durch Benary und andere Gärtner wurde Erfurt zu einem Zentrum der systematischen Pflanzenzüchtung und Saatguterzeugung. Die Stadt hieß fortan Blumenstadt Erfurt, wobei Samenstadt sicher richtiger gewesen wäre. Klingt aber nicht so schön.

Benarys Motto hieß: »Wie die Saat – so die Ernte«. Das ließ er in Stein an seinem Geschäftsgebäude anbringen. Heute sagt man statt Motto Firmenphilosophie. In der Firma Benary schloss diese eine Betriebskrankenkasse und betriebliche Altersvorsorge mit ein, lange bevor das in Deutschland üblich war. Benary hinterließ große Geldbeträge für gemeinnützige Zwecke und schenkte der Stadt ein schönes Stück Land, unter der Bedingung, dass dieses ewig eine öffentliche Park- und Erholungsfläche bliebe. Das begrünte, blumenbepflanzte Areal am Gothaer Platz ist immer noch da. Um im Bild zu bleiben: Benarys Samen ging auf. Vor dem Ersten Weltkrieg wuchs ein Millionenunternehmen, von der Familie gehegt und gepflegt.

Heute kann der Besucher im weiträumigen Speichergebäude Erfurts Druck-Tradition anhand einer Druckmaschinensammlung und vieler Druckerzeugnisse bestaunen. Wer will, darf sich selbst als Drucker versuchen. Außerdem gibt es die volkskundliche Südseesammlung, Thüringer Innungstruhen und eine Privatsammlung von Möbeln, Gemälden und wertvollem, in den thüringischen Manufakturen Volkstedt und Ilmenau hergestelltem Porzellan zu sehen.

Adresse Brühler Straße 37, 99084 Erfurt-Brühlervorstadt | ÖPNV Straßenbahn 2 und 4, Haltestelle Sparkassenfinanzzentrum | Öffnungszeiten nur auf Anmeldung (Tel. 0361/6555652) | Tipp Die »Alte Oper«: Das angeblich baufällige ehemalige Opernhaus wird seit Jahren von einem Privatmann recht erfolgreich mit unterschiedlichster Bühnenkunst gefüllt.

12 Bernd das Brot

Erfurts depressiver Superstar

KiKA, das sind vier Buchstaben, die einen schon anspringen, wenn man den Erfurter Bahnhof verlässt und sich kurz umblickt. KiKA ist der Kinderkanal. Der ist einzigartig, ein öffentlich-rechtlicher Fernsehsender nur für Kinder. Tagsüber. Nachts laufen auf der KiKA-Frequenz in Schleife skurrile Szenen mit dem verschrobenen Bernd das Brot, Erfindung eines Kölner Comedians mit bayerischen Wurzeln. Durch die Nachtsendungen erlangte Kastenbrot Bernd auch bei Erwachsenen Kultstatus.

Im »wörld«-weiten Netz findet man mehr Bilder von ihm als von allen bisherigen Erfurter Bürgermeistern zusammen. Mufflig, ständig übel gelaunt, will Bernd das Brot seine Ruhe haben. Die aber stören seine Mitbewerber um die Kinderherzen Chili das Stunt-Schaf und Briegel der Busch, einer der größten Experimentatoren vor dem Herrn. Bernd schaut am liebsten die Wand seines Zimmers an, vor allem wenn diese raufasertapeziert ist. Und wie heißt die bekannteste Raufasertapete? Richtig: »Erfurt«.

2004 erhielt Bernd das Brot sogar den begehrten Grimme-Preis, und zwar in der Kategorie »Spezial«. Begründung: Er vertrete das Recht auf schlechte Laune und widersetze sich dem Gute-Laune-Terror.

Eine zwei Meter hohe Bernd-Skulptur steht links neben dem Rathaus, den Insassen desselben die eckige Rückseite zeigend. Seit Bernd dort steht, ist es der meistfotografierte Ort der Stadt. Die Skulptur wurde beschmiert und sogar entführt, aber Bernd ließ alles stoisch über sich ergehen und steht wieder da, glupschäugig, grimmig.

In der Stadt sind – oft zum Ärger der »richtigen« Bildhauer und Kunstsachverständigen – Skulpturen von Bernds Kollegen verteilt: das Sandmännchen und das Kikaninchen, Käpt'n Blaubär und Hein Blöd, Maus und Elefant, die Tigerente, der Goldene Spatz. Wer auch noch den Raben Rudi und seinen Kofferfreund findet, hat eine ordentliche Erfurt-Wanderung hinter sich.

Adresse Fischmarkt, 99084 Erfurt-Altstadt | **ÖPNV** Straßenbahn 3, 4 und 6, Haltestelle Fischmarkt | **Tipp** In der traditionellen Bäckerei am Benediktsplatz eingangs der Kreuzgasse lassen sich zwei Bäcker »hautnah« bei der Arbeit beobachten: Zuschauen, Riechen, Genießen …

13 Bibliotheca Amploniana

Wissen ist Macht

Nichts wissen macht auch nichts. Ein Kalauer für Gernedumme. Ja, aber muss man überhaupt noch etwas wissen, sein Hirn mit Infos belasten, wenn heutzutage doch alles im Internet steht? Leichter Zugriff. Es gibt aber zwei Gründe, die möglicherweise aussterbende Kulturtechnik »Lesen eines Buches, indem man es zur Hand nimmt« weiter zu pflegen: erstens der unnachahmliche Geruch antiquarischer Bücher, zweitens das Geräusch beim Umblättern der Seiten. Schließlich hat der Mensch fünf Sinne. Die sollte er auch nutzen. Und die Mehrheit der Bevölkerung kann sicher nicht von sich behaupten, schon einmal in der Nähe eines 600 Jahre alten Buches gestanden, geschweige denn die körpereigene Haptik eingesetzt zu haben, um eine Brücke über die Jahrhunderte zu schlagen.

Mal probieren? Vorherige Anmeldung in der Universitätsbibliothek ist Voraussetzung, um vielleicht einen Blick auf den Zipfel des Mantels der Geschichte zu erhaschen. So etwas wie die dort stehende Bibliotheca Amploniana, die Handschriftensammlung eines spätmittelalterlichen Gelehrten, ist weltweit einmalig.

Der Arzt und Gelehrte Amplonius Rating de Berka übergab 1412 seine 633 Handschriftenbände dem von ihm gestifteten Kollegium. Alle folgenden Kollegiums-Stipendiaten mussten nach Studienabschluss mindestens eines ihrer Bücher hinzufügen. Der Bestand wuchs zusehends. Einige Schriften gingen klammheimlich in anderes Eigentum über. Bücherdiebe verdienen Hiebe, oder?

Heute umfasst die Amploniana 979 Handschriftenbände und 1.882 Inkunabeln und Drucke: theologische, philosophische und medizinische Texte, aber auch solche zu Grammatik, Rhetorik, Mathematik, Dichtkunst sowie Zivil- und Kirchenrecht. Als die Universität 1816 geschlossen wurde, gab es pekuniäre Begehrlichkeiten. Aber der Erfurter Bürgersinn hielt die Amploniana-Sammlung zusammen. So kann man auch heute seine Nase in die alten Bücher stecken.

Adresse Nordhäuser Straße 63, 99089 Erfurt-Andreasvorstadt | **ÖPNV** Straßenbahn 3 und 6, Haltestelle Universität | **Anfahrt** Parkplatz erreichbar über Mühlhäuser Straße, Schwarzburger Straße | **Öffnungszeiten** Führungen auf Anmeldung (Tel. 0361/7375880) | **Tipp** Für Führungsunwillige: Postkarten mit Amploniana-Motiven sind im Altstadt-Antiquariat an der Krämerbrücke erhältlich.

14_Das Born-Senf-Museum

Born to be Senf

Thüringen gilt als Land der zwei kulinarischen Großereignisse Kloß und Bratwurst. Letztere liegt in einem knusprigen Brötchen und wird mit Senf bestrichen. Wer etwas anderes als Born-Senf mittelscharf nimmt, macht sich strafbar am guten Geschmack. Aber Senf ist auf vielerlei Art verwendbar. Insofern sollte man sich im Erdgeschoss Wenigemarkt 11 wenigstens einmal durch die frisch gezapften Proben hindurchkosten, bevor man die enge Treppe zum kleinen Museum hochsteigt.

Born ist seit 1820 ein Quell guten Geschmacks. Damals gründeten die Brüder Wilhelm und Louis Born im Erfurter Vorort Ilversgehofen die »Knochenmehl-, Essig- und Senffabrik nebst Kunstgärtnerei«. Um 1900 eröffnete man eine Filiale in London. Erfurter Senf mit dem Wappen des sprudelnden Brunnens wurde bis nach Südamerika und China geschippert. Bismarck ließ durch seinen Sekretär verbindlichste Dankesworte übermitteln, weil man ihn mit ebenjenem Senf überrascht hatte. Senf hatte einen so hohen Stellenwert, dass Papst Johannes XXII. um 1320 sogar einen »Grand moutardier du pape«, also einen Großen päpstlichen Senfbewahrer, ernannte. Als allerdings die deutschen Schankwirte im 17. Jahrhundert völlig geschmackszerstörend an alle Speisen diese Würzpaste schmierten, entstand die Redewendung: seinen Senf dazugeben. All das und mehr kann man im kleinen Born-Senf-Museum erfahren. Und auch hier darf Martin Luther nicht fehlen, der ja zu fast allem seinen Senf dazugab. Er verglich die Ehe mit einem senfgewürzten Braten, wobei der Mann den (Teufels-)Braten darstellte und die Gattin als »senff gesetzet« wurde.

Senf fördert die Verdauung und hemmt innere Entzündungen. Das kennt man als Mittel aus Omas Hausapotheke. Aber wer weiß, warum Senf manchmal Mostrich heißt und was man nehmen muss, um nach einer Sause mit gegorenem Traubensaft seine Stimme wieder zu »entwolfen«? Nein, nicht Kreide.

Adresse Wenigemarkt 11, 99084 Erfurt-Altstadt | **ÖPNV** Straßenbahn 3, 4 und 6, Haltestelle Fischmarkt | **Öffnungszeiten** Jan.–März Mo–Fr 10–18 Uhr, Sa 10–16 Uhr; April–Dez. Mo–Fr 10–19 Uhr, Sa 10–18 Uhr | **Tipp** Zur »Kubanischen Nacht« wird der Wenigemarkt zum Salsa-Tanzplatz. Ansonsten ist es ein fast intimer Ort mit vielen Sitzgelegenheiten zum Sehen und Gesehenwerden.

15 Der Botanisch-Dendrologische Garten

Denk mal im Denkmal

Hier kann man sitzen, die Seele baumeln und den Blick schweifen lassen. Und was macht in der Zwischenzeit das Gehirn? Lässt sich ja nicht abstellen. Es denkt: botanischer Garten, klar. Wieso aber dendrologisch?

Die Dendrologie ist die Lehre von den verholzenden Pflanzen. Wer hat's erfunden? Nein, nicht die Schweizer, sondern – wie so oft – die Griechen. Genauer gesagt: ein Grieche, der Bürger Theophrastos von Eresos. Kein Holzkopf! Philosophisch ausgebildet von Aristoteles, schwenkte er auf das logische Durchdenken von Holz um: Theophrastos, der erste Theoretiker der Forstwirtschaft. Eigentlich war der Mangel an demselben Grund des Denkens. Nach dem Ausfuhrstopp starker makedonischer Hölzer durch Alexander den Großen mangelte es den Athenern an Material für den Schiffbau. Die Flotte verkam. Athen verlor die Kontrolle über die Seehandelswege in der Ägäis. Da sollte man schon mal über Holz nachdenken, vor allem über Grundregeln des geordneten Waldbaus. Theophrastos erkannte zum Beispiel, dass eng stehende Bäume schlank nach oben wachsen und gutes Ruderholz abgeben. Mit diesen und vielen weiteren Erkenntnissen, die er zumeist bei praktizierenden Holzfachleuten sammelte, füllte er seine »Naturgeschichte der Gewächse«.

Und der Botanisch-Dendrologische Garten? Der wurde 1959 bis 1961 für Studienzwecke angelegt. Besonders die Entwicklung der Familie Rosaceae sollte gut beobachtet werden können. Heute sitzt man auf den rekonstruierten Terrassen in einem Gartendenkmal. Denkmal? Kann man ja mal drüber nachdenken. Man kann allerdings auch, besonders wenn im Frühling die Kirschbäume knallvoll mit Blüten sind, hier sitzen, die Seele baumeln und den Blick schweifen lassen. Und was macht in der Zwischenzeit das Gehirn?

Adresse Winzerstraße, 99094 Erfurt-Hochheim | **ÖPNV** Bus 51, Haltestelle Wartburgstraße | **Öffnungszeiten** Tag und Nacht | **Tipp** Lauter geht es in der »ega-box« zu, einer Samstag-Nacht-bis-Sonntag-früh-Diskothek auf dem ega-Gelände in der Nähe des Japanischen Gartens.

16 Das Brauhaus

Hauptsache historisch

Der *homo sapiens erfordensis* liebt gastronomisch das Heimatliche und Gemütliche. Auch wenn er gern mal einen Döner und ein, zwei Sushi oder wagenradgroße Pizzen verdrückt, muss der Gaumen immer wieder thüringisch gestimmt werden. Manchmal hilft eine Kellnerin in Tracht, dazu historisches Ambiente und ein Volkslieder anstimmender Barde, um in Stimmung zu kommen. Richtige Historie und richtig gut nachgemachte werden in schönster Eintracht zelebriert. Erfurter sind das gewohnt. Man und frau hat Historie mit der Muttermilch aufgesogen.

Wer sich für schon abgelaufene Leben interessiert, der ist im Volkskundemuseum, eingerichtet im ehemaligen Großen Hospital Erfurts, genau richtig. In einem der ältesten erhaltenen Erfurter Steinbauten pflegte man einst Leib und Seele der Insassen. Hier muss man nicht den Staub der Jahrhunderte wegblasen. Das Museum atmet den Geist der Gegenwart, immer wieder frisch gemacht vom Team um die Museumschefin. Motto: »Die Vergangenheit ist nicht tot, sondern lebendig, wir stehen mit einem Fuß darin, während der andere den nächsten Schritt nach vorn tut.«

Ein paar Schritte raus aus dem Museum, und man ist schon wieder drin, in der Historie. Oder besser: Man isst schon wieder drin. In der Museumsgaststätte werden Leib und Seele heimatlich massiert. Am Gösseldorfer Kachelofen kennt die Gemütlichkeit keine Grenzen. Die Kalorienzahl des Thüringer Essens auch nicht. In den Nischen unter der gewölbten Decke gibt es übrigens Stellen, an denen man deutlich hören kann, was mehrere Meter entfernt geflüstert wird.

Erstaunlicherweise schaffen es die meisten Gäste nur bis in die vorderen Gaststuben. Dabei ist das historische Brauhaus im hinteren Teil der schönste Raum. Mit einem Kreuzgewölbe, das schon über 600 Jahre auf dem Buckel hat. Was drinsteht, ist nach Originalstücken gefertigt. Na und? Historisch oder historisierend, Hauptsache, es schmeckt.

Adresse Juri-Gagarin-Ring 140a, 99084 Erfurt-Altstadt | **ÖPNV** Straßenbahn 1 und 5, Haltestelle Augustinerstraße, weiter durch Franckestraße | **Öffnungszeiten** Gaststätte: Di–Sa 11.30–14.30 Uhr und ab 17.30 Uhr, So ab 11.30 Uhr, auf Wunsch auch außerhalb dieser Zeiten (Tel. 0361/5626641) | **Tipp** Ein Besuch im lebendigen »Museum für Thüringer Volkskunde« mit vielfältigen Dauer- und oft überraschenden Sonderausstellungen lohnt sich immer.

17_Das Café Orbit

Verschwunden und doch noch da

Jetzt kommt ein kleines Kapitel Sozialismus in den Farben der DDR. Die größte DDR der Welt war zwar ein kleiner Staat, wollte aber immer hoch hinaus, den Blick wie Hans Guckindieluft auf höchste Ziele gerichtet. Als dem bösen Westen der Sputnikschock zugefügt worden und 1961 von sozialistischem Boden aus der erste Mensch ins All gestartet war, wollte der Jubel nicht enden. 1963 besuchte Weltraumerstbezwinger Juri Gagarin Erfurt. In nach oben offener grenzenloser Euphorie jubelten ihm Tausende zu. Aber das reichte den Erfurtern und vor allem den führenden Vertretern der führenden Partei nicht.

Für die Stadt, wegen ihres Reichtums an Kirchtürmen auch »die Türmereiche« genannt, entwarfen Architekten ein weltliches Gebäude, das die alten Symbole der Volksverdummung überragen sollte: das Hotel »Kosmos«. Die Bauarbeiten begannen 1969. Ein Jahr später schon in der ersten (!) Etage angelangt, fehlte für weitere Arbeiten zunächst das Geld. Erst zehn Jahre später öffnete das Interhotel »Kosmos«. In den obersten, den 17. Stock lud das »Café Orbit« ein, mit einem atemberaubenden Rundumblick, die Stadt zu Füßen wie einen von der Schönheit seiner Angebeteten geplätteten Liebhaber.

Jeden Abend wurde das Café kurzerhand zur Nachtbar. Für einen der besten TV-Krimis vor der Wende (»Hubertusjagd«) mit dem späteren Weltstar Rolf Hoppe wurden hier einige Szenen gedreht. An der Außenwand des Hotels prangten fünf Sterne – die Leuchtreklame des Hauses. Sie »fielen« nach der Wende zwar ab, sollen aber bei Liebhabern untergekommen sein.

Aus der großen Café-Bar wurden Salons, die den Namen der jeweiligen Blickrichtung tragen: Beim Blick zur Wachsenburg muss man etwas um die Ecke gucken, und der Ettersburgblick fällt nicht auf Schloss Ettersburg, sondern auf den Glockenturm vom Ettersberg. Einige Erfurter haben schon entdeckt, dass man die Räume zum Feiern und Panoramablicken mieten kann.

Adresse Radisson-Blu-Hotel, Juri-Gagarin-Ring 128, 99084 Erfurt-Altstadt | **ÖPNV** alle Straßenbahnlinien, Haltestelle Anger, zu Fuß links am Kaufhaus Anger 1 vorbei | **Öffnungszeiten** auf Nachfrage (Tel. 0361/55100) | **Tipp** Geht immer: ein Spaziergang durch die Krämpfervorstadt mit Straßennamen zum Nachdenken, unter anderem Scholl, Rathenau, Neubauer, Scher, Thälmann …

18 Das Café Rommel

So scheen gemütlich

Heut geh'n wir ins – nein, nicht ins Maxim. Aber auf ein bisschen Separee muss nicht verzichtet werden, und musikalisch kann durchaus der Heesters-Tenor aus den versteckten Lautsprechern schmelzen. Oder Schrammelmusik. Oder ganz viel operettenselige Geigen. Das ist so schön »weanerisch«.

Das »Café Rommel« ist das einzige Kaffeehaus im Wiener Stil in Erfurt. Ein Tempel des Türkentranks und der hüftumfangsfördernden Konditoreiwaren, ein Café, das es seit über 100 Jahren gibt. Bei so einem Alter steht man natürlich unter Denkmalschutz, und die Fotos an den Wänden sind der Beweis, dass es dort wirklich schon länger so aussieht. Durch die Farbglasfenster fällt das Licht wie in eine Kirche. Dadurch bekommt das von Elisabeth und Carl Rommel begründete Café eine fast heilige Aura. Draußen grüßt schon von Weitem die Tortengrafik. Drinnen hängen die Wände voller weiterer Grafiken, und auf dem Fensterbrett präsentieren sich in vollendeter verschnörkelter Schönheit Omas Sammeltassen.

Die Johannesstraße, in der sich das Café befindet, ist leider ein Stiefkind der Stadt. In jeder Hinsicht. Viele Häuser ungenutzt, Läden machten optimistisch auf und entnervt wieder zu. Die Vorfahren waren einfach nicht vorausschauend genug. Denn sie haben nicht an möglicherweise dereinst Auto fahrende Nachfahren gedacht. Und da heute fast nichts ohne Auto geht, geht's der Johannesstraße eben auch nicht so richtig gut.

Sie ist eine der ältesten Straßen Erfurts. Hausnamen wie »Zum grünen Sittich und gekrönten Hecht« und »Zum Stockfisch« (Stadtmuseum) beweisen das. Aber das Parkplatzproblem – ist eigentlich keins! Parallel zur Johannesstraße am Juri-Gagarin-Ring gibt's reichlich Plätze für den fahrbaren Untersatz. Ein paar Schritte durch die Heilige Grabesmühlgasse, Pflockengasse oder die Passage, rein ins gemütliche Café, vielleicht bis in den Garten – und man ist raus aus der Stadt.

Adresse Johannesstraße 34, 99084 Erfurt-Altstadt | ÖPNV Straßenbahn 1 und 5, Haltestelle Augustinerstraße | Öffnungszeiten Di–Sa 9.30–22 Uhr, So 10–18 Uhr | Tipp Das »Reformhaus Erfurter Ölmühle Fischer« in der Heilige Grabesmühle 1: Vor Jahren ist zwar die alte Ölmühle abgebrannt (Riesenfeuerchen), der traditionsreiche Laden aber hat, dank seiner Kunden, überlebt.

19 Canadian Chocolates

Unter dem roten Ahornblatt

Gegensätze ziehen sich an, sagt der Volksmund. Das sagt aber auch die Chefin eines deutschlandweit einzigartigen Ladens. Nein, Laden ist hochgradig untertrieben! Was man da am Ortsrand von Erfurt-Dittelstedt betritt, ist der wahr gewordene Traum einer Frau, die Kanada verfallen ist. Sie hat sich ihr Stück Rocky Mountains ins Thüringer Becken geholt. Wer jetzt aber an Holzfällerromantik denkt, liegt völlig falsch. Zwar sind Teile der Einrichtung aus Sassafras, einer nordamerikanischen Baumart, aber ansonsten blinkt und blitzt alles hochmodern. Höchster Qualitätsanspruch verbindet sich mit kanadisch inspiriertem Service.

Seit 2010 kann man hier in Ruhe einen guten Kaffee trinken und dem Chocolatier bei seiner Kunst zuschauen. Feinste Gewürzzutaten aus Vancouver Island oder Festland British-Columbia, exklusiv hergestellte Marmeladen und Konfitüren, produziert von kleinen kanadischen Familienunternehmen, stecken in den Pralinen und Torten. Kanadische Spezialitäten wie Premium-Ahornsirup, Wodka und Wein gehen über die Ladentheke oder werden über den Online-Shop verschickt.

Die außergewöhnlichen Pralinenkreationen sprachen sich herum. Mundpropaganda im wahrsten Wortsinn verbreitete den superben Geschmack bis nach Berlin, wo die hochnoble Schnabulierabteilung des KaDeWe die erfurtisch-kanadischen Schoko-Einzigartigkeiten ins Angebot aufnahm. Da liegt dann auch schon mal ein Blattgoldblättchen auf der Praline. Man gönnt sich ja sonst auch nicht nichts.

Wer will, kann sich seine persönliche Praline kreieren lassen. Auf Wunsch mit eingeräumtem Exklusivrecht. Firmen nutzen das Angebot, um zu glänzen und sich über die Gaumen in die Herzen und Hirne ihrer Kunden einzuschmeicheln. Ein kräftig-schokoladiger Hauch der großen weiten Welt durchzieht die Lounge am Dorfrand. Demnächst kann man diesen Duft auch in der Leipziger Mädler-Passage erschnuppern.

Adresse Am Seegraben 2, 99099 Erfurt-Dittelstedt | ÖPNV Stadtbus 60, Haltestelle Rudolstädter Straße | Öffnungszeiten Mo–Fr 10–18 Uhr, Sa 10–17 Uhr, So 13–17 Uhr | Tipp Für Feinschmecker: Ingwer-Feigen-Balsamico. Aber da die Geschmäcker bekanntlich verschieden sind, ist wohl Kosten der einzig richtige Weg, das Richtige für sich zu finden.

20 Das Dacherödensche Haus

Klugerweise paarweise

Wenn ein Adliger einst eine Bürgerliche nahm, nahm sein Lebensweg unter Umständen eine ganz neue Wendung. Nahm er sie rein körperlich – kein Problem. Nahm er sie aber zur Frau – schon schwieriger. Manchmal spielte auch Geld eine wichtige Rolle. Für adlige Damen war ein Bürgerlicher der gesellschaftliche Abstieg. In unserem Fall dürfte es eine Mischung aus Liebe und Torschlusspanik gewesen sein, denn als Charlotte von Lengefeld und Friedrich Schiller – noch ohne »von« im Namen – 1789 im Haus Dacheröden Verlobung feierten, war sie voller Zuneigung, während er schon mehrfach schriftlich vermeldet hatte, er müsse nun endlich. Die Liaison wurde heimlich vorangetrieben, weil Mutter von Lengefeld noch nicht weichgeklopft war.

Gastgeberin der intimen Privatfeierlichkeit war Charlottes Freundin Caroline von Dacheröden, die spätere Frau Wilhelm von Humboldts. Deren Vater Karl Friedrich wiederum war Präsident der Erfurter »Akademie gemeinnütziger Wissenschaften«. Da, wo die Dacheröden-Humboldts sich aufhielten, war immer ein Zentrum offenen und öffentlichen geistig-kulturellen Lebens. Wer sich sauber kleidete und etwas Intelligenz und Parlierfähigkeit mitbrachte, hatte freien Eintritt in die wissenschaftlichen und literarischen Salons, wo man auch Goethe oder den umtriebigen Statthalter von Dalberg antreffen konnte. Viel Input, um fortschrittlich auszuputten.

Das heutige Haus Dacheröden ist ein Doppelhaus, 1832 aus dem »Haus zum güldenen Hecht« und dem »Haus zum großen und neuen Schiff« entstanden. 2006 – das Gebäude war gerade fertig saniert – brannte der Dachstuhl völlig aus. Großes Erschrecken, dann: da capo al fine.

Nun ist das Haus Dacheröden wieder ein wunderbarer Veranstaltungsort mit Galerie. Es lohnt sich, die Hofseite anzusehen, wo sich ein Kunstwerk versteckt, das Fluchtweg und Aufzug verschönt und gleichzeitig Durchblick ermöglicht.

Adresse Anger 37, 99084 Erfurt-Altstadt | ÖPNV Straßenbahn 2, Haltestelle Angerbrunnen | Öffnungszeiten Di – Fr 10 – 18 Uhr sowie zu Veranstaltungen | Tipp Den alten Angerbrunnen gleich vor dem Haus und die Bauhausarchitektur nebenan zur Kenntnis nehmen: In Erfurt verbinden sich manchmal ganz unaufgeregt Tradition und Moderne.

21 Das Deserteur-Denkmal

Einer bricht aus

Wenn man nur aus der Distanz draufschaut, begreift man nichts. Geht man nah heran, kann man begreifen und verstehen. Der Titel der Metallsäulen ist sperrig: »Denkmal für den unbekannten Wehrmachtsdeserteur und für die Opfer der NS-Militärjustiz«. Auf der Platte am Mahnmal ist ergänzt: »Allen, die sich dem Naziregime verweigerten«. Daneben ein Zitat von Günter Eich: »Seid Sand, nicht das Öl im Getriebe der Welt.« Die acht Stahlstelen, sieben gleichförmig in Reih und Glied stehend und eine aus dem militärischen Gleichmaß ausbrechend, waren die Idee eines Erfurter Künstlers.

Hart wie Kruppstahl sollten die sein, die in die Stahlgewitter geschickt wurden. Jedoch gab es auch im deutschen Volk Menschen, die sich mit dem Verbrechen nicht abfanden. »Viele haben sich der Maschinerie entzogen. Die einen sind bekannt, andere blieben anonym oder wurden vergessen … Es ist daher hoch an der Zeit, der Gesellschaft die Auseinandersetzung mit unbewältigten Problemen der Vergangenheit zuzumuten.« Das schrieben Gerhard Zwerenz und Ralph Giordano im Aufruf der Denkmalinitiative, zu der sich Leute unterschiedlichen Alters und Denkens zusammengefunden hatten: junge Eisenbahner, Gewerkschafter, Künstler, Kirchenvertreter, Friedensgruppen und Wehrmachtsdeserteure. Ihrem Aufruf schlossen sich Persönlichkeiten wie Joschka Fischer und Christa Wolf an. Das Mahnmal sollte in der Nähe des Kommandantenhauses stehen, wo ab 1935 mehrere Deserteure zum Tod verurteilt worden waren.

Der Oberbürgermeister und einige andere Politiker stellten sich quer und versuchten, mit Tricks und Winkelzügen das Denkmal zu verhindern. In der öffentlichen Diskussion wurde über Kadavergehorsam und Kameradschaft, Ehre und Ehrlichkeit gestritten. Nach ablehnendem Gutachten, Baustopp und Stadtratsbeschlüssen kontra und pro konnte das Denkmal am Weltfriedenstag 1995 eingeweiht werden.

Adresse Petersberg, unterhalb des Haupttors, 99084 Erfurt-Altstadt | **ÖPNV** Straßenbahn 3, 4 und 6, Haltestelle Domplatz, zu Fuß auf den Petersberg | **Tipp** Der Wehrgang führt fast rund um die Zitadelle. So kann man ebenso fast in jede Richtung den Blick über Erfurt genießen.

22 Drei Quellen

Edlen Wein trinken

Hochheim, ein ehemaliges sogenanntes Küchendorf, schon im Dreißigjährigen Krieg von Erfurt geschluckt, stand kurz vor der Einebnung. Die protestantischen Erfurter wollten das Dorf und vor allem die Kirche der unbeirrt katholischen Hochheimer dem Erdboden gleichmachen. Glücklicherweise kam es anders. Das Wasser unter diesem Landstrich ist wertvoll. Es speiste die Brunnenkresse (siehe Seite 122), und die Brunnenkresse speiste Gourmets in ganz Europa. Speiste, also Vergangenheit, leider.

Über die Hochheimer Drei-Quellen-Straße, die ein schmaler Fußweg wird, geht's zu den Drei Quellen. Etwas kürzer ist der Weg von der Wehrbrücke am Dreienbrunnenbad. Das Ziel ist einmalig, denn es ist Erfurts einziger Mineralbrunnen. Sein Wasser hat Heilkraft. An der Wand der Brunnenstube ist es eingemeißelt: »Wer davon trinkt, wird lange leben und wenig Geld dem Arzte geben. Drum kommt! Ich lad Euch freundlichst ein. Und trinkt von diesem Edlen Wein.«

Hochheim war sogar mal Kurort. Das alte Kurhaus, der letzte Beweis dieser heilsamen Zeiten, ist vor ein paar Jahren abgebrannt. Aber die Quellen sprudeln ja immer noch. Scharen von Schulkindern wanderten bereits hierher. Bei dem einen oder anderen förderte das Quellwassertrinken allerdings nicht die Gesundheit, sondern das Frühstück wieder zutage. Das stark salzig schmeckende Nass ist nichts für verzärtelte Süßwassermäulchen.

Bevor 1813 die Quellen erstmals in Stein gefasst wurden, sprudelten sie von ganz allein aus der Erde. Artesische Brunnen mit natürlichem Quellaustritt nennt das der Fachmann. Aber auch der Fachmann konnte den allmählichen Verfall der Quellanlage nicht aufhalten. Das Wasser suchte sich andere Ausgänge. Also bohrte man 1992 neu. Aus drei Tiefen steigt nun unterschiedlich mineralhaltiges Wasser hoch, plätschert aus den drei gebogenen Rohren an den Trittsteinen. Wanderer, labe dich!

Adresse Hochheimer Straße, 99094 Erfurt-Brühlervorstadt | **ÖPNV** Bus 51, Haltestelle Wartburgstraße | **Tipp** *Im* Dreienbrunnenbad kann man baden, *am* Dreienbrunnenbad an Sommerwochenenden Kanus ausleihen.

23 Die durchlöcherten Häuser

Dicke Freunde und dickes Bier

In den Wänden einiger Erfurter Hausfassaden finden sich eigentümliche runde Löcher. Sie stammen aus dem Mittelalter und waren Zeichen des Stolzes, dass dort ein Biereige wohnte, ein Mensch, der das Recht hatte, Bier zu brauen, weil er es konnte – also, sich das Bierbraurecht erkaufen. Wenn frisches Bier gebraut war, musste es schnell seinem Zweck zugeführt werden. Darum steckte man als Werbung Strohbündel in die Löcher, und die Erfurter strömten herbei wie der Pawlow'sche Hund nach dem Glöckchenklingeln. Oft lief zusätzlich der Bierausrufer durch das Viertel. So einer brüllte anno 1290 dem gerade in Erfurt weilenden Kaiser Rudolf von Habsburg in die Ohren. Rudolf hatte durch gründliches Raubritternester-Ausräuchern die Umgebung sicherer und sich sämtliche Erfurter Fernhandelsreisenden zu Freunden gemacht. Nun lechzte seine Kehle nach dem Trunke. Man kredenzte ihm Erfurter Schlunze, ein dickes dunkles Bier von der Konsistenz einer Puddingsoße. Das Bier begeisterte den Kaiser so, dass er gleich mal selbst den Bierausrufer spielte.

Ein sehr schönes Biereigenhaus mit Renaissanceportal steht in der Allerheiligenstraße 6. Die Torsteine sind schräg angeordnet, damit man aus der engen Gasse ein Pferdefuhrwerk in eine Torfahrt lenken konnte, ohne anzustoßen. Man sagt Musikern zwar einen Hang zum Alkohol nach, aber aktuell gibt es in dem »Haus zur Windmühle« städtische Musikschulausbildung und keinen Bierausschank. Während des Dreißigjährigen Krieges war die Trinkwasserqualität so schlecht, dass das eingeschränkte Braurecht aufgehoben wurde. Es ging nicht nur um das Recht auf Rausch, es ging vor allem ums Überleben in einer verkeimten Welt. Alkohol desinfiziert. Gesundheit!

Heute gibt es keine große Brauerei mehr in Thüringens Landeshauptstadt. Manche Bierfans sagen nicht »leider«. Erfurter »Braugold«-Bier kommt nun aus Braunschweig.

Adresse Allerheiligenstraße 6, 99084 Erfurt-Altstadt | ÖPNV Straßenbahn 3, 4 und 6, Haltestelle Domplatz, zurück durch die Marktstraße, links in die Allerheiligenstraße | Tipp Im »Haus zum Pfauen« mit Gasthausbrauerei, Marbacher Gasse, gibt es noch einen Bierausrufer, den man zu Stadtführungen buchen kann.

24 Die E-Galerie

Durch die Stadt stromern

Die moderne Gesellschaft ist stromlos undenkbar. Strom fließt durch die Netze und muss – bin ich zu stark, bist du bald schwach – heruntertransformiert werden. Dafür gibt es Trafos, Trafostationen, Trafotürme und Trafohäuschen. Ein, zwei Klicks im Internet zum Stichwort Trafohäuschen, und man kommt aus dem Staunen und Weiterklicken gar nicht mehr heraus.

In einer Stadt gibt es notwendigerweise eine große Anzahl von Trafostationen. Ihre bauliche Ausführung ist auf die technischen Notwendigkeiten zugeschnitten. Rein optisch die gähnende Langeweile, und sicher verschlossen, damit der lebensgefährdende Funke nicht überspringt. Grau in grau bieten die Wände schönsten Untergrund für die aus keiner Stadt zu verbannenden Graffiti. Narrenhände beschm… – genau! Da hat man aus der Not eine Tugend gemacht. Denn es gibt unter den Wandmalern einen Ehrenkodex, der meistens eingehalten wird: Kein Bild, keinen aufgeblasenen Schriftzug, kein Graffito dorthin, wo schon eins ist. Das städtische Energieunternehmen hat darum sozusagen prophylaktisch Künstler überzeugt, die Trafohäuschen zu Kunstobjekten zu machen. Die Firma gibt Geld aus, um Geld zu sparen, investiert einmal in Kunst, anstatt alle naselang die Hinterlassenschaften von illegalen Sprühfritzen zu beseitigen.

Mittlerweile sind es in Erfurt rund 150 kleine Stromverteilerkästen, die farbig bebildert sind. Und 120 Trafohäuschen und -häuser. Viele sind Arbeiten eines Erfurter Künstlers, ein Schüler Otto Niemeyer-Holsteins. Auch die wunderbar passende Fassadengestaltung des Hauses Regierungsstraße / Ecke Lange Brücke – wo Varieté, Kabarett und Comedy geboten wird – zeigt seine Handschrift.

Wer alle künstlerisch wertvoll bemalten Trafohäuschen abwandert, hat eine abwechslungsreich bestückte Open-Air-Galerie besucht. Es müsste ein Bonusheftchen geben: Nach Besuch aller Exponate einen Monat Strom kostenlos. Das wär's!

Tipp In den Außenbezirken und im Umland Erfurts kann man neben den bemalten Trafohäuschen auch stillgelegte finden, die unter anderem zu Rückzugsräumen für seltene Vogelarten umgebaut wurden.

25 Die Engelsburg

Mittelalterkabarettisten

Verbrennen oder nicht? Das war 1511 die Frage. Es ging um jüdische Schriften, den Talmud. Und die potenziellen Zündler waren christliche Intellektuelle. Pro Verfeuern: Dominikaner, Scholastiker, Inquisitoren. Dagegen: unter anderen, aber ganz vorn mit dabei, die Erfurter Humanisten Ulrich von Hutten, Crotus Rubeanus, Mutianus Rufus, Helius Eobanus Hessus. Deren Namen und der des damaligen Unirektors, des reichen Hausherrn Georg Sturz, stehen an der Wand im ersten Stock der »Engelsburg« über der Eingangstür zur »Bohlenstube«. Übrigens sagt kaum ein Erfurter Engelsburg. Eburg heißt das.

In einem ähnlichen Holzzimmer im leider abgerissenen Vorderhaus saßen einst die Herren, helle Köpfe in dunkler Stube. Sie schnallten sich sozusagen Anonymus-Masken vor und schrieben die »Dunkelmännerbriefe«, Satiren der für damalige Verhältnisse sehr übertriebenen Art, fingierte Briefe in Küchenlatein voller überspitzter Vorschläge. Die Gegenpartei verstand die Ironie nicht und applaudierte. Luther nannte den Verfasser einen Hanswurst. Papst Leo X. verbot die Weiterverbreitung der Briefe.

Ob das die Studenten interessierte, die 1968 nach vielen unentgeltlichen Arbeitsstunden hier ihren Klub eröffneten? Inzwischen alles Geschichte, ebenso wie der »Eburg-Fasching« im Keller und der Geruch der Klamotten danach – Rauchen war damals noch erlaubt.

Heute kann man nikotinfrei dem Alkohol zusprechen und deftiges Thüringer Essen in sich spachteln. Sommers geht das wunderbar im Hof. Wenn's draußen kalt wird, fällt man ins »Steinhaus« ein, das älteste Haus dieser Art in Deutschland. Kultur gibt's auch: laute Konzerte im tiefen Keller, Leiseres und manchmal Kabarettistisches im »Café DuckDich« in der ersten Etage.

Tja, und wenn es schlimmer werden sollte mit dem Bildungsniveau, kann man die Bohlenstube problemlos umwidmen in Dieter-Bohlen-Stube.

Adresse Allerheiligenstraße 20, 99084 Erfurt-Altstadt | ÖPNV Straßenbahn 3, 4 und 6, Haltestelle Domplatz, durch Marktstraße, dann links | Tipp Zwischen Steinhaus und Marktstraße geht's eng zu: Hier ist Erfurts schmalste Gasse, wo sich die Dachrinnen küssen und übereinanderliegen. Hochschauen!

26 Das Eulenspiegel-Denkmal

Von Till lernen heißt siegen lernen

Hinter dem Rathaus findet man das Haus »Zur Narrenschelle«, Zentralort der Erfurter Karnevalisten-Gemeinschaft. Da Luthers Reformatoren schnöde für 300 Jahre eine ansonsten rund 700-jährige Faschingstradition in Thüringen unterbrochen haben, ist man dort auf den Reforma-Tor nicht gut zu sprechen. Dafür lässt man die Mainzer Herrschaft über Erfurt hochleben, weil die den Fasching zurückbrachte, und damit Humor, Lebensfreude, Maskenball-Seilschaften, Kappen-Connections, Büttenreden, Umzüge und alljährliche Erstürmung des Rathauses. Vor dem Vereinshaus sitzt Till Eulenspiegel, ein Vorbild des karnevalistischen Rates der Spötter. Warum, ist schnell erzählt.

Nachdem Till Eulenspiegel in Prag den Rektor der Universität und alle versammelten Studiosi mit frechen Erklärungen beschämt und belustigt hatte, begab er sich in die nächste Hochburg mittelalterlicher Gelehrsamkeit: Erfurt. Auch dort verkündete er großschnäuzig, jedes Problem lösen zu können. Also gab man ihm auf, einem Esel das Lesen beizubringen. Till soll auf die recht unausgereiften Sprachfähigkeiten seines Schülers hingewiesen haben (vergleichbar mit denen manches heutigen Kindes beim Eintritt in die Schule), bat um circa zwanzig Jahre Lehrzeit und um etwas Geld, um dem dummen Esel Bildung beizubringen. Analphabet und Lehrer ließen die Ohren nicht hängen und gingen an die Dressurarbeit. Till legte ein großformatiges Buch in eine Futterkrippe und Hafer zwischen die Seiten. Eselchen setzte klug seine dicken Lippen ein, blätterte um, sodass er an sein Fresserchen kam. Fand er nichts, protestierte er laut mittels zweier Buchstaben. Diesen Lernerfolg führte Eulenspiegel den universitären Wettpaten vor. Vor Ablauf der zwanzig Jahre starb der Rektor, und Till machte sich mit dem Restgeld davon.

Den Auftakt zum alljährlichen Krämerbrückenfest gibt Eulenspiegel immer mit einem frechen Blick aufs abgelaufene Jahr.

Adresse An der Stadtmünze 13, 99084 Erfurt-Altstadt | **ÖPNV** Straßenbahn 3, 4 und 6, Haltestelle Rathaus | **Tipp** Das Krämerbrückenfest, immer am dritten Juniwochenende, ist eines der größten Volksfeste Deutschlands und auf jeden Fall ein sehr buntes. Stets dabei: Eulenspiegel und das »New Orleans Jazz Festival«.

27 Der Europaplatz

Modernistische Straßenbahnballade

Endhaltestelle ist so ein endgültiges Wort. Dabei geht es von dort aus eigentlich immer noch weiter. Wendestelle wäre richtiger und beim anhaltenden Hin und Her der Bahnen im öffentlichen Nahverkehr auch treffender. An der Wendeschleife der Linien 1 und 3 im Norden steht dieses futuristische »Wartehäuschen«. Dem Architekten hat die Arbeit daran sicher Spaß gemacht, für den dort Wartenden ist es eine Folter, Wind und Wetter ausgesetzt zu sein. Designkünstler haben immer Inhalt und Form zum Vorteil der Verbraucher in Einklang gebracht, Selbstverwirklicher entwerfen diese unbrauchbaren UFO-Landeplätze.

Vor der Wende hieß die Europaplatz-Wendeschleife Ulan-Bator-Straße. Der aufmüpfige Mongole war vielen Erfurtern damals genauso fern wie die heutige Namensgeberin.

Abgesehen von solchen Ärgernissen ist die Erfurter Straßenbahn ein Segen. In anderen Städten von kurzsichtigen Verkehrsutopisten längst abgeschafft, hat sich Erfurt nie von diesem Verkehrsmittel verabschiedet. Bis 1873 hatte die Stadt ihre Festungsmauern. Als die fielen, konnte Erfurt aus allen Nähten platzen. Die innerstädtischen Strecken verlängerten sich, weshalb Bürgermeister Richard Breslau um 1880 über eine Pferdebahn nachdenken ließ. Ab Pfingsten 1883 trippeltrappelten die Zugpferde, teils im 5-Minuten-Takt, auf drei Linien. Schon 1894 hatte es sich ausgetrappelt. Die »Lektrische« transportierte fortan Erfurter und Gäste. Vom Ersten Weltkrieg bis zum Ende der DDR kostete eine Fahrt nie mehr als zwölf Pfennig. Nach dem zweiten großen Krieg diente die Straßenbahn auch als Schuttabtransporter und – so etwas gab es weltweit nur noch im südafrikanischen Durban – als Leichenwagen.

Erfurt-Anfänger fremdeln manchmal mit den barrierefrei durch die Innenstadt fahrenden Bahnen, aber bisher hat das Verkehrsmittel auf diesen Streckenabschnitten noch keinen Passagier über den Jordan befördert.

Adresse Europaplatz, 99091 Erfurt-Gispersleben | **ÖPNV** Straßenbahn 1 und 3, Endhaltestelle Europaplatz | **Tipps** Gepflegtes Betrinken im »Katerexpress« oder eine Stadtrundfahrt mit einer historischen Bahn ist kein Problem. Bei der EVAG lassen sich Straßenbahnen mieten. Zu Kinderbuchtagen gibt es Lesungen in fahrenden Bahnen.

28 Flughafen Erfurt-Weimar

Mittendrin und doch nicht dabei

Erfurt hat einen Flughafen, den einzigen internationalen Verkehrsflughafen des Freistaates Thüringen. Nachts blinkt das Licht am Tower, damit kein Flugobjekt anstößt. Allerdings kommt nur selten ein Flugobjekt vorbei, nicht einmal bekannte Flugobjekte. Der Flughafen ist ein Prestigeobjekt und als solches natürlich unverzichtbar. Der Steuerzahler hat ihn mit freundlicher Unterstützung der Thüringer Landesregierung schon mehrfach gerettet. Einmal versuchte ein Flughafenchef mittels Statistiktricks die Auslastungszahlen in die geplanten Höhen steigen zu lassen, aber die Sache flog auf.

Natürlich ist es für die Mittelthüringer einfacher, in Erfurt ins Flugzeug nach Mallorca oder Ägypten zu steigen, als vorher noch kleine Weltreisen per Auto zu anderen Airports zu bewältigen. Manchmal klappt's.

Die Webseite des Flughafens Erfurt-Weimar ist witzig. Goethe sitzt auf gepackten Koffern wie in der Campagna. Klickt man auf »Unternehmen«, hält er eine Bilanzgrafik hoch, deren Kurve unaufhaltsam nach oben zeigt. Johann Wolfgang weist den internetten Besuchern den Weg in die wenigen Räume des Airports. Nach hochfliegenden Träumen sollte aus Erfurt Airfurt werden, aber es ist eher Erdfurt. Immerhin gibt es eine Besucherterrasse. Wer auf eines der wenigen startenden und landenden Flugzeuge wartet, wartet manchmal wie auf Godot. Aber die Erfurter Ohren freut es, dass der Flugbetrieb nicht so rege ist.

Und jetzt mal jegliche Ironie und Wortspielerei beiseitegelassen: Erfurt hat einen Flughafen. Klein, aber fein, gemütlich, wie es in Thüringen oft zugeht, nicht diese Frankfurter Hektik oder Münchner Großprotzigkeit. Und er ist durchaus in der Lage, mehr Flugobjekte abzufertigen. Hier ist man mit dem Herzen dabei, auch wenn das Logo des Flughafens gerade mal ein halbes grünes Herz zeigt, wo doch ein Zwei-Städte-Flughafen eigentlich ein Doppelherz verdient hätte.

Adresse Binderslebener Landstraße 100, 99092 Erfurt-Brühlervorstadt | ÖPNV Straßenbahn 4, Haltestelle Flughafen | Tipp Bausünde »Büropark Airfurt« – jeder kann sich so etwas ansehen und aus den Fehlern anderer lernen.

29 Das Forsthaus Willrode

Ausflugsziel in Erfurts Süden

Die meisten Orte verraten ihre Entstehung durch den Ortsnamen. Willrode ist ein gutes Beispiel, denn wenn nicht im 11. Jahrhundert der Wille zum Waldroden groß gewesen wäre, tja dann. Das mit dem »Willen« ist freilich eine Kabarettistenerklärung, aber nachdrückliches Wollen über die Jahrhunderte hat das Gelände wirklich vor totalem Verfall gerettet und zu einem Kleinod gemacht.

Das Klostergut Willrode wurde zweimal zerstört. Thüringer Grafenkrieg und Sächsischer Bruderkrieg ließen nicht viel übrig. Bürger Claus Hildebrant von Willröda kaufte es und baute neu. Die wie ein Wehrturm aussehende Burgkapelle im romanischen Stil ragt zwar hervor, hat aber das Geheimnis ihrer Entstehungszeit noch nicht preisgegeben. Interessant sind die Rillen in den Sandsteinpfosten an der nachträglich eingebauten gotischen Tür, die entweder beim Säbelschärfen entstanden sind oder beim Abrieb, um den Sandsteinsand als Heilmittel zu verwenden.

Auf solche Details achtete ein Mann Ende der 80er Jahre nicht, als er beim Waldlauf auf das verfallene Rund und die dort wohnende Försterwitwe Quednau stieß. Wie viele Bürger damals wollte der Läufer dem Verfall von Denkmälern nicht weiter zusehen und gründete die »Interessenvereinigung Willrodaer Forsthaus im Kulturbund der DDR« (später Förderverein). Die vereinigten Interessierten fingen an, die Gebäude zu sanieren. In Eigenleistung. Das Forsthaus wurde später wieder Sitz eines Försters, und staatliche Fördermittel flossen. Heute ist der letzte Sonntag im Monat immer »Offener Forsthaussonntag« mit Handwerkermarkt und Schaubacken. An anderen Tagen gibt es Gottesdienste im Grünen, Fledermaus-&-Co-Nächte, Bärlauchfest und Krötenhochzeit. Vereine treffen sich hier, Chöre singen, Literaten lesen. Der Wildladen wird in der Jagdsaison regelmäßig leer gekauft. Und irgendwie ist neben der Jagd auch die Lust wieder eingekehrt ins ehemalige Jagd- und Lustschloss, was das Forsthaus auch mal war.

Adresse Forststraße 71, 99097 Erfurt-Egstedt | ÖPNV Bus 235, Haltestelle Klettbach, 20 Minuten Fußweg | Anfahrt über Arnstädter Chaussee und Bechstedter Straße bis Egstedt, Forststraße Richtung Schellroda; mit dem Rad durch den Steigerwald | Tipp Den Jagdsaal im Forsthaus mit Gemälden des Bayreuther Hofmalers Zöllner sollte man sich ansehen – und vor den Restauratoren den Hut ziehen.

30__Der Galgenberg

Hoch gehängt

Irgendwo hier stand er früher: der Galgen. Heute gibt es eine Schrebergartenanlage »Am Galgenberg«. Den Kleingärtnern ist der lebensverkürzende Inhalt des Wortes egal. Der Galgen war auf dem 220 Meter hohen Hügel errichtet worden, weithin gut sichtbar.

1510 baumelte dort fast den ganzen Juli lang ein Prominenter, Erfurts oberstes Oberhaupt, der Obervierherr Heinrich Kellner, manchmal auch mit nur einem »l« archiviert. Kellner/Kelner war seit 1480 Stadtkämmerer. In den 30 Jahren bis zu seinem gewaltsamen Tod verlor das reiche und starke Erfurt Reichtum und Stärke. Das war nicht immer Kellners Schuld. Um die vielen Feinde der Stadt strategisch-taktisch in Schach zu halten, hatte man Wehranlagen errichten oder kaufen müssen. 1483 zwangen die sächsischen Herzöge und Erfurts eigentlicher Eigentümer Mainz der Stadt Schutzverträge auf. In schönster Mafiamanier wurde also Schutzgeld eingetrieben. Erfurt verlor zudem sein kaiserliches Messeprivileg an Leipzig. Die Ratsherren um den inzwischen aufgestiegenen Heinrich Kellner waren in Fehlspekulationen zuungunsten der Stadtkasse verwickelt. Der Handel, vornehmlich der mit Färberwaid, krankte.

Kellner veranlasste die Verpfändung der Wasserburg Kapellendorf, kein gutes Geschäft. Als die geheimen Stadtschulden auf über eine halbe Million Gulden angewachsen waren – heute wäre das in Euro nur in einer mehrstelligen Millionensumme auszudrücken –, setzte der Rat auf Steuererhöhungen. Das Volk protestierte. Als auch noch offenbar wurde, dass die Stadt ruiniert war, stürmten Erfurter das Rathaus. Kellner legte einen erstaunlich ignoranten und arroganten Auftritt hin, floh danach, wurde kassiert, zehn Monate lang gefangen gehalten, gefoltert und abschließend aufgeknüpft. Die Ereignisse 1509/10 gingen als »Das tolle Jahr« in Erfurts Annalen ein.

Was ist daran toll gewesen? Ach, wie in Tollhaus und Tollwut? Na, das ist ja ganz was Tolles!?

Adresse Am Galgenberg, 99085 Erfurt-Johannesvorstadt | **ÖPNV** Straßenbahn 2, Haltestelle Bautzener Weg | **Tipp** Mit etwas Glück kommt man in den Hof zum Obervierherrn in der Regierungsstraße 63/64 (schon 1620 auf Merians Stadtkarte verewigt) – mit Kel(l)ner-Denkmal, nur selten ansehbar, weil Privatgelände.

31 Die Gloriosa

Eine fliegende Glocke

Silvester auf dem Domplatz: wenn es nicht bibberkalt ist, ein mit fröhlichen Menschen gefüllter Platz. Kurz nach null Uhr mischt sich unüberhörbar ins Abschiedsgeknalle fürs alte Jahr ein tiefer Glockenton zur Begrüßung des neuen. Was da läutet, trägt den wohlklingenden Namen Gloriosa und den Wohlklang weit ins Land hinaus.

Im 15. Jahrhundert versuchten Erfurter viermal erfolglos einen Domglockenguss. Dann machte sich Meister Geert Wou van Kampen ans Werk. Rund hundert von ihm gegossene Glocken sind bekannt. Die Gloriosa ist unübertroffen. Über 11.000 Kilo schwer, fast drei Meter hoch, zweieinhalb Meter Durchmesser, verziert mit Madonnenbild und lateinischem Spruch: »Mit ruhmreichem Lob besinge ich die Schutzherren, wehre Blitze und böse Geister ab, läute m. hl. Gesang, der im Dom vom Volk erklingen soll. Gerhardus Wou aus Kampen hat mich gemacht. Im Jahr des Herrn 1497.« Es gibt alte Rechnungen, die Herrn Wou auch als pekuniär erfolgreichen Kanonengießer ausweisen.

1499 läutete die Glocke erstmals von dort oben. Wenn sie nicht läutet, kann man sich sogar unter sie stellen. Heute erklingt die Gloriosa nur noch ein paarmal im Jahr, ein Schonprogramm. Geschont wird das wertvolle Stück, weil sich zweimal Risse auftaten. Der erste wurde noch im Turm geschweißt. Danach hatte sich die Abklingdauer, ein akustisches Qualitätsmerkmal, von dreieinhalb auf fünf Minuten erhöht. Um die Jahrtausendwende der nächste Riss. Erstmals nach einem halben Jahrtausend verließ die Gloriosa den Turm, reiste nach Nördlingen, wurde geschweißt und im Oktober 2004 mit einem Riesenkran wieder einge-»flogen«. Tausende sahen dem Spektakel zu. Nun hat die größte mittelalterliche frei schwingende Glocke der Welt – von einem hohen Kirchenmann vor laufenden MDR-Kameras beim Weihnachtsgottesdienst mal als »frei schwimmende Glocke« bezeichnet – eine Abklingdauer von sechs Minuten. Aus Schaden wurd' sie gut.

Adresse Dom, Severihof 2, 99084 Erfurt-Altstadt | **ÖPNV** Straßenbahn 3, 4 und 6, Haltestelle Domplatz | **Öffnungszeiten** Gloriosa-Führungen (anmelden unter Tel. 0361/6461265) April–Okt. jeweils zur vollen Stunde Do 9–13 Uhr, Fr 13–16 Uhr, Sa 11–16 Uhr, So 13–16 Uhr, nicht am 1. Wochenende des Monats | **Tipp** Interessenten für Kirchenarchitektur finden auf alten Postkarten eine Dom-Hinteransicht mit dem Marien-Mosaik. Die heutige Gebäudeform ist die rückgebaute ursprüngliche.

32 Die Graf-Gleichen-Grabplatte

Ein flotter Dreier

Autofahrer, näherst du dich Erfurt von Westen, fährst du auf der A 4 zwischen drei Bergen hindurch, deren Kuppen von Burgen gekrönt sind. Die drei sehen sich zwar nur ähnlich, werden aber die »Drei Gleichen« genannt. Selten, aber manchmal doch, ist nachts die A 4 gesperrt, weil die Burgen grandios von Feuerwerk illuminiert werden.

Einen Grafen von Gleichen findet man, in Stein gepickert, im Erfurter Dom. Der Herr ist flankiert von zwei Damen. Eine pikante Geschichte, die immer wieder die Gemüter erhitzt und die Phantasie anstachelt. Ein Graf von Gleichen soll 1227 mit Landgraf Ludwig ins Heilige Land gezogen sein, um den Muselmanen tüchtig aufs andersdenkende Haupt zu schlagen. Aber der Gleichengraf geriet in Gefangenschaft und jahrelange Sklaverei. Ausgerechnet in den blasshäutigen Blaublütler soll sich die schöne Tochter des sklavenhalterischen Sultans verguckt haben. Heimlich machten sie sich zusammen aus dem arabischen Staub, schifften sich nach Venedig ein, eilten zum Papst. Zum Dank für ihren Vater- und Vaterlandsverrat wurde die schöne Sarazenin zwangsgetauft, aber als Ausgleich durfte sie den Gleichengrafen heiraten. Stopp! Der war doch schon verheiratet. Macht nix, mit päpstlichem Segen ist auch Bigamie erlaubt. Eiapopeia! Und ab in die Heia, wie in Thüringen die Betten heißen. Das verbreiterte Doppelbett haben napoleonische Soldaten angeblich in einer kalten Nacht verheizt. Freudenthal soll seinen Namen dem freudigen Wiedersehen von Graf und Erstfrau verdanken, und der Weg hoch zur Burg heißt wohl nicht umsonst Türkenweg.

Die schöne Mär vom zweibeweibten Grafen wurde fleißig herumerzählt. Goethe und Kotzebue schrieben Theaterstücke, Moritz von Schwind und andere Maler malten Bilder und entwarfen Bildteppiche. Balladen-, Märchen- und Sagenbücher wurden gefüllt. Spinnertes Zeug! Wenn da nicht die Grabplatte im Dom wäre …

Adresse Dom, Severihof 2, 99084 Erfurt-Altstadt | ÖPNV Straßenbahn 3, 4 und 6, Haltestelle Domplatz | Öffnungszeiten Mo–Sa 9.30–17 Uhr, Mai–Okt. bis 18 Uhr, So und Feiertage ab 13 Uhr | Tipp Als Großcomic kann man sich die Gleichen-Geschichte im Rathaus-Flur ansehen. Sehr schön dramatisch, aber mit Happy End.

33 Die Grundmühle

Fettbrot im Weißbachtal

Gibt es einen Grund, in den Grund zu gehen? Grundsätzlich mehr als einen. Ein sanft geschwungener Wanderweg führt vom Ortsausgang Tiefthal über kleine Brücken, Streuobstwiesen, Lichtungen und durch Wäldchen. Eine Uhr braucht man nicht, man fällt aus der Zeit. Dann die Grundmühle, je nach Licht und Wetter sonnengefleckt, ein bisschen märchenhaft, etwas grimmig. Innen müssen sich die Augen erst an das Dunkel gewöhnen, aber dann leuchten schwach alte Wandmalereien, und die ausgestopften Vögel setzen zum Sturzflug an. Im Winter bullert der Ofen, dann ist man manchmal ein einsamer Gast, aber der Grundmüller dafür nicht so im Sommerstress und vielleicht in Erzähllaune. Denn oberhalb der Mühle, raunt er, soll anno dunnemals ein Kloster gestanden haben. Das habe der Herrgott höchstpersönlich weggezaubert, weil die Mönche den Teufel ins heilige Gemäuer gelassen hätten. Das übersetzt sich leicht: Die Mönche haben wohl sämtliche klösterlichen Regeln Regeln sein lassen, wofür sie zum Teufel gejagt wurden. Das Kloster verfiel. Bauern der Umgebung holten sich die Steine, um selbst was zu bauen. So ging das oft.

Gelegentlich, so sagt die Sage, höre man Klagelaute im Wald. Die stammen aber realiter von Jazz- und Folkmusikern, die an manchen Wochenenden im Sommer die Ruhe des Waldes, nun ja, stören. Das stört das zahlreich herangewanderte Publikum allerdings überhaupt nicht.

Die Grundmühle wurde 1794 erbaut, aber gut 100 Jahre später brach erst das Mühlrad und dann das Mühlengeschäft zusammen. Nicht der Herrgott, aber ein findiger Gastronom verzauberte die Mühle in eine Ausflugsgaststätte. Zwischendurch setzte sich der Pleitegeier drauf. Der neue Grundmüller war mal Klempner, aber er träumte schon seit Jahren davon, genau hier Bier und Fettbemmen und andere urige Köstlichkeiten an frohgemute Wanderer zu verkaufen. Ein grundsätzlich guter Gedanke.

Adresse im Orphalgrund, von 99189 Erfurt-Tiefthal, Schaderode oder Töttelstädt erreichbar | **Anfahrt** über die B 4, Abfahrt Kühnhausen, bis Tiefthal, Bachstraße, Im Grund, dann weiter zu Fuß | **Öffnungszeiten** Mi–Fr 12–20 Uhr, Sa und So 10–20 Uhr, im Winter nur am Wochenende | **Tipp** Blütenfest in Gierstädt: Wenn die Apfel- und Kirschplantagen in aller Pracht blühen, wird voller Optimismus und Hoffnung auf eine gute Ernte gefeiert.

34 Die Gummibude

Nichts Menschliches ist uns fremd

Zugegeben, die obere Überschrift ist etwas respektlos. Aber wenn strikte Genauigkeit und Sorgfalt die Finger über die Computertastatur geführt hätten, müsste dort stehen: Medical Production and Trading GmbH. Wie?

Kleiner Spaziergang gefällig, wo man eher selten flaniert? Los geht's am Ilversgehofener Platz, links halten, abbiegen in die Braunstraße, dann rechts in die Hans-Sailer-Straße, vorbei am Martinikirchlein, links die leider verfallende Mühle, dann im Knick die Fabrik, wo diese Dinger herkommen. Welche Dinger? Na, Sie wissen doch selbst, diese, oh nee – gut, wenn Sie es so wollen: Pariser, Verhüterli, Präser, Lümmeltüten, diese Nahkampfsocken, Rammelbeutel, Gummis eben!! Wo kommen Sie denn her, vom Mond? Wie heißt das bei Ihnen? Hier hieß das Fromms, Mondos, Gummifuffzcher. Die kosteten 50 Pfennig damals und kamen aus Erfurt.

Erfunden haben's die Ägypter. Angeblich heißt das Kondom nach Mister Condom, Hofarzt des englischen Königs Charles II. Egal, segensreiche Erfindung das, oder wie es eine feine Dame formulierte: ein Bollwerk gegen das Vergnügen, aber ein Spinnweb gegen die Gefahr. Kinderreichtum und Geschlechtskrankheiten konnte mit dieser Erfindung vorgebeugt werden, die zu Casanovas Zeiten »englischer Reitmantel« genannt wurde. Davon gab es Luxusausführungen, mit Seide gefüttert, die mehrfach benutzt, zwischendurch gewaschen, getrocknet und ausgebessert wurden. Die ersten Kautschuküberzieher hatten noch eine Naht. Charles Goodyear stellte sie her. Die Menschheit erfand dann befeuchtete Kondome, spermienabtötende, welche mit Noppen zum besseren – ja, das reimt sich. Und geschmackvoll in verschiedenen Richtungen sind die Dinger seit 1981.

Das fällt einem so ein, wenn man bei der »Medical Production & Trading GmbH« vorbeiläuft, der ältesten deutschen Kondomfabrik, früher Everts, zwischendurch Plastina, auch mal Condomi. Die Gummibude eben.

Adresse Tiergartenstraße 2, 99089 Erfurt-Ilversgehofen | ÖPNV Straßenbahn 1 und 5, Haltestelle Ilversgehofener Platz | Tipp Dieses Buch beiseitelegen und Gummiprodukte benutzen …

35 Der Gustav-Adolf-Brunnen

Blau-gelbe Erfurter Hoffnungen

Gustav II. Adolf, Schwedenkönig von 1611 bis 1632, war einer aus dem Hause Wasa. Aber er war härter als Knäckebrot, reformierte die schwedische Armee und führte die blau-gelbe Wimpelflagge siegreich im Dreißigjährigen Krieg. Allerdings hat der alte Haudegen sich gern selbst an den blutigen Kloppereien beteiligt, was ihn in der ansonsten für die lutherischen Schweden siegreichen Schlacht bei Leipzig-Lützen das Leben kostete.

Gustav Adolf hatte eine herrische Mutter, die ihn nicht seine einzige und wahre Liebe heiraten ließ, so vermählte er die Holde mit seinem besten Freund. Seinen mit der Gattin eines Offiziers unehelich gezeugten Sohn erkannte er unüblicherweise an, und damit es auch alle begriffen, nannte er ihn Gustav Gustavson. Übrigens stand auf Ehebruch damals nicht nur schwedische Gardinen, sondern oft der Tod. Ein König stand zwar über dem Gesetz, aber die Moralpredigten seiner protestantischen Glaubensfreunde musste er doch öffentlich über sich ergehen lassen. Als »Kapitän Gars« (**G**ustavus **A**dolphus **R**ex **S**ueciae – der wortspielerische Schelm, der!) reiste er inkognito durch Deutschland und eroberte eine brandenburgische Prinzessin.

1631 zog Gustav samt seinem Heer in Erfurt ein. Die Bürger bedankten sich artig mit großem Jubel für freihändig verschenktes katholisches Kirchengut. Und sie hofften, endlich von der Mainzer Herrschaft frei zu werden, da ja Gustav nun alle Herrschaftsrechte übernommen hatte. Noch mehr Jubel. Wurde aber nichts draus.

Höchstwahrscheinlich vor dem Haus »Hohe Lilie« am Domplatz hat sich der Schwedenkönig letztmals von seiner Brandenburgprinzessin verabschiedet. Drei Tage später Pistolenknall und Gustavfall in Lützen. Die Erfurter weihten 1911 am symbolträchtigen 10. November – Luthers Geburtstag – den Denkmalbrunnen für den »Retter des Protestantismus« ein, gleich neben der Predigerkirche, wo Gustav gern die Andachten besuchte.

Adresse Predigerstraße, 99084 Erfurt-Altstadt | **ÖPNV** Straßenbahn 3, 4 und 6, Haltestelle Fischmarkt | **Tipp** Die Orgelkonzerte in der Predigerkirche: Die Möglichkeiten der Schuke-Orgel werden mindestens einmal pro Woche professionell und sehr klangvoll zu Gehör gebracht.

36 Der Hauptfriedhof

Prophylaktische Spendierfreude

Wieder so ein Wort mit Doppelsinn: Hauptfriedhof. Manch Mensch hat ja schon zu Lebzeiten statt eines lebendigen Kopfes einen Haupt-Friedhof. Örtlich festgelegt im Westen der Stadt ist der Erfurter Hauptfriedhof erst seit 1912. Die Lebenden und die Toten wollten und sollten bis 1813 eng beieinander sein. So wurden die Dahingegangenen innerhalb der Stadtmauern begraben. Die französischen Gouvernementbehörden verboten dies, aber erst die Preußen konnten sich durchsetzen. Die 2.000 Cholera-Toten von 1866 mussten schon weit vor der Stadt ihre ewige Ruhe finden.

Ruhe findet man heute auch als Lebender auf dem 57 Hektar großen Friedhofsareal. Eine Oase der Stille, ein weitläufiger Park. So viel lebendiges Grün über den Gräbern. Aber dazwischen bröckelt es. Steter Tropfen höhlt die Steine. Die Witterung lässt die Grabmale verwittern, darum heißt sie ja so. Fast 700 Grabmale sind erhaltenswert, über 100 sogar geschützte Denkmale. Nach Ablauf der Nutzungszeit ist die Kommune für den Erhalt verantwortlich. Aber die Kommune ist klamm. Es reicht ja schon nicht für die Nichttoten. Helfen können da spendierfreudige Lebende – mit Grabpatenschaften. Der Pate lässt auf eigene Kosten das Grabmal sichern oder restaurieren, pflegt es und erhält so ein Stück Regionalgeschichte. Dieser Steingnadenakt ist übrigens steuerlich absetzbar. Manche Paten zieht es auch unter die von ihnen geretteten Steine. Die Sepulkralkulturisten können also auf dem Hauptfriedhof an ihrer Zukunft vorbeispazieren. Wem's gefällt …

Auf dem Hauptfriedhof gibt es auch Baumgräber, anonyme Bestattungen, ein islamisches Gräberfeld und Ehrengräber für Erfurter Oberbürgermeister wie Hermann Jahn und Hermann Schmidt, für den Maler Otto Knöpfer und den Komponisten Richard Wetz. Und zum »Tag des Friedhofs« – böse Zungen sagen »Tag des offenen Friedhofs« – gastiert regelmäßig ein Kabarettist mit schwarzhumoriger Kleinkunst.

Adresse Binderslebener Landstraße 75, 99092 Erfurt-Brühlervorstadt | **ÖPNV** Straßenbahn 4, Haltestelle Hauptfriedhof | **Öffnungszeiten** Mo–So Nov. 8–17 Uhr, Dez.–Feb. 8–16 Uhr, März und Okt. 8–18 Uhr, April–Sept. 8–20 Uhr | **Tipp** Die Grabmal-Kuppel aus Basaltlava für den Erfurter Gärtner Carl Schmidt sollte man sich ansehen. Dieses und viele andere Gräber sind gleichzeitig Kunst und Stadtgeschichte.

37 Das Haus ohne Dach

Alles eine Frage des Blickwinkels

Es gibt einen sehr schönen, wenig begangenen Weg zu diesem Ort. Er führt über ein gutes Essen im »Haus zum güldenen Rade«, Eingang Marktstraße 50, durch das Tor des Patrizierhauses. Klöße sollte man hier essen, Thüringer natürlich, die sind so gut, da braucht man fast nichts dazu. Nimmt man aber natürlich trotzdem. Ein Sonntag ohne Klöße verlöre viel von seiner Größe. Der Spruch ist heutzutage nicht mehr auf Sonntage beschränkt.

Nach dem landestypischen Mahl Abgang hinten raus über den Hof, vorbei an der alten Tabakmühle, heute ein sehr schöner Raum für kleine Firmen- oder große Familienfeierlichkeiten. Als dort noch Kollergang und Pferdegöpel ratterten, als Zigarren und vor allem Schnupftabake hergestellt wurden, gehörten die Eigentümer der Mühle zu den reichsten Bürgern Erfurts. Bei Produkten, die in Rauch aufgingen, blieb die Nachfrage immer bestehen, auch der Reichtum blieb und wuchs. Während des Fürstenkongresses 1808 ließ sich der russische Zar Alexander von den Tabakfabrikanten aushalten.

Bevor man dann durch den nächsten Hof und die Torfahrt zur Waagegasse geht, grüßt noch ein Steinadler sehr preußisch von rechts. Und dann bitte nach oben schauen zum Giebel des Hauses, in dem unten eine kleine Kneipe mit faustischem Namen fingerfettendes Food verkauft (man kann mit dem Fahrrad fast bis an die Theke). Was ist das für ein Haus? Ist es überhaupt eins? Das Gebäude scheint kein Dach zu haben. Die stehen gebliebene Kulisse eines Mittelalterfilms? Kommt gleich Joseph Fiennes als Luther um die Ecke oder gar William von Baskerville-007?

Geht man um die Ecke herum und schaut wieder nach oben, dann hat das Haus immer noch kein Dach. Jedenfalls kein sichtbares. Zur Beruhigung: Wenn man oben im ersten Stock des großen Speichers steht (das geht nur im Zusammenhang mit einer Theateraufführung), hat man ein vollständiges, schützendes Dach über dem Kopf.

Adresse Waagegasse 1, 99084 Erfurt-Altstadt | **ÖPNV** Straßenbahn 3, 4 und 6, Haltestelle Rathaus | **Tipp** Im Weinkeller der Erfurter Weinmanufaktur in der Turniergasse gibt es gute Weine und Tipps dazu. Die Verkostungen werden ab und zu mit Kabarett oder Literarisch-Musikalischem umrahmt.

38 Haus zum Bürgerstreit

Ein Toter erholt sich

Im Januar 1791 wurde Friedrich Schiller in einer feierlichen Sitzung in die Akademie der nützlichen Wissenschaften Erfurt aufgenommen. Diesem Festakt folgte ein Festkonzert, währenddessen erstmals Schillers Lungenkrankheit mit Macht ausbrach. Das muss so heftig gewesen sein, dass sich die Nachricht verbreitete, Schiller sei daran gestorben. Zeitungen kolportierten die Meldung europaweit. In Dänemark hielt ein Freundeskreis eine dreitägige Totenfeier ab, mit Musik und tanzenden weiß gewandeten Knaben und blumenbekränzten Jungfrauen. Champagner und Tränen flossen reichlich. Als sich herumsprach, der Dichter sei dann nun doch nicht so vollends von den Lebenden gegangen, bedankte sich Prinz Friedrich Christian von Schleswig-Holstein-Sonderburg-Augustenburg überschwänglich mit einer dreijährigen Spende von je 1.000 Talern an Schiller.

Ab August 1791, nach Genesung und Kur in Karlsbad, weilte Schiller zur weiteren Erholung in Erfurt. Das »Haus zum Bürgerstreit« war damals ein kleiner Gasthof mit Übernachtungsmöglichkeit; ruhig gelegen, sodass Friedrich ungestört eine größere historische Abhandlung schreiben konnte, denn er war ja nicht nur Dichter, sondern auch Geschichtsprofessor. Das stille Hotelchen lag glücklicherweise nah bei den Häusern seiner Freunde – wie dem Mainzer Statthalter von Dalberg –, die zu interessanten Gesprächen und kulinarischen Genüssen einluden. Bei Revanchebesuchen gingen Schillers über die Galerie in einen größeren Vorraum, um dort die Gäste zu empfangen.

Vom Erkerzimmer im ersten Stock blickte Schiller auf einen Garten mit Apfelbaum, den man heute vergebens sucht. Aber man kann über den altertümlich gepflasterten Platz vor dem Haus spazieren, da stellt sich schon ein Gefühl von »Es war einmal« ein. Und geht man dann links am Haus durch die Torfahrt – darüber das Gedenkschild –, kommt man in den ehemaligen Garten. Antiquitäten inbegriffen.

Adresse Lange Brücke 36, 99084 Erfurt-Altstadt | **ÖPNV** Straßenbahn 2, Haltestelle Lange Brücke | **Tipp** Eine kleine Shoppingtour entlang der Langen Brücke lohnt sich immer. Die Geschäfte sind nicht überlaufen, es hat sich noch nicht ausreichend herumgesprochen, was es da an vielfältigen Angeboten gibt.

39_Haus zum ersten Schweinskopf

Von Nummern und Namen

In einer Stadt den Überblick zu behalten, war noch nie leicht. Vor allem für die Steuerbehörden und die Grundstücksverwaltung. Stand früher eine Mühle im Ort – kein Problem. Kam eine zweite hinzu, brauchten beide eine Kennung. Je mehr Häuser, desto schwerer, den Überblick zu behalten. Die mittelalterlichen Erfurter behalfen sich mit Hausnamen, manche poetisch, andere martialisch, manche stinknormal. Es ist ja auch heute nicht unüblich, dass der Mensch eine ihm wichtige Sache mit einem Namen verlebendigt. Und so trugen die Erfurter Häuser stolze Namen wie »Haus zur rothen Rose und Jungfer« oder »Backhaus zum Schweinstreit und Erdkugel« (vor Galilei!). Es gab Häuser zum »kleinen Regenbogen«, »wilden Mann« (aber die wilde Frau gab's auch), »Sauschwanz«, zur »kleinen Heuschrecke«, »Windwaage«, »Haus zu Hostie, Kelch und Lachs«, »zur weißen Maus« und »zum schwarzen Schaf«. Wurden im Mittelalter Grundstücke zusammengelegt und mit einem größeren Haus überbaut, erhielt das neue Gebäude alle vorherigen Häusernamen.

Weil es aber fast 150 Häuser mit Löwe im Namen gab, über 70 mit Bär oder Lilie und so weiter, musste außerdem immer hinzugefügt werden, wo das Haus stand. Nicht ganz unkompliziert all das.

1680 reformierten die neuen Mainzer Oberherren dieses Ordnungssystem, und die Häuser bekamen Hausnummern. Allerdings war das auch nicht sehr übersichtlich, weil die Nummern mehrfach vergeben wurden, da zusätzlich bestimmte Stadtviertel durchnummeriert wurden. Als 1826 die Preußen die Stadt übernahmen, nummerierten sie einfach alle Häuser preußisch-stur von 1 bis 3.050 durch. Seit 1870 gibt es die straßenweise Nummerierung. Das war weise.

Übrigens steht das »Haus zum ersten Schweinskopf« schräg gegenüber vom Sitz der Thüringer Ministerpräsidentin. Das ist schon ein bisschen schräg.

Adresse Regierungsstraße 4, 99084 Erfurt-Altstadt | **ÖPNV** Straßenbahn 2, Haltestelle Angerbrunnen | **Tipp** In der Kurmainzischen Statthalterei, heute Sitz der Landesregierung, finden Anfang Mai ein Europafest und der »Tag der offenen Tür« statt.

40_Der Heckel-Raum

Nicht für die Ewigkeit

Die Künstlergruppe »Brücke« ist weltberühmt, ein Verbund von expressionistischen Malern, die eigentlichen Wegbereiter des Expressionismus in Deutschland. Von der Hand eines dieser Maler ist nur ein einziges Wandbild erhalten. Das befindet sich in Erfurt. Es schmückt einen zwar kleinen, aber vollständig ausgemalten Raum im Erdgeschoss des Angermuseums.

1886 hatten einige Bürger Erfurts Geld übrig. Außerdem war die Stadt wenige Jahre vorher Erbin des Nachlasses von Friedrich Nerly geworden. Die Gemäldesammlung des Romantikers und das Geld bildeten den Grundstock für das Kunstmuseum. Nur ein Bruchteil des Museumsbesitzes ist derzeit öffentlich zugänglich. In den Depots lagern Grafiken, kunsthandwerkliche Arbeiten, Gemälde. Nach längerer Zeit des Vorenthaltens können die Erfurter auch ihre mittelalterlichen Kunstschätze wieder in Augenschein nehmen: Skulpturen, Altartafeln, mehrere Cranachs.

Das Angermuseum, ein barocker Stadtpalast aus dem frühen 18. Jahrhundert, ist eines der schönsten Bauwerke der Altstadt. Für Erfurter ist die Altstadt nie alt, sie bewegen sich ja täglich aktuell in ihr. Geschichte gehört hier dazu. Aber es gehört eben auch dazu, dass vielen Erfurtern diese Geschichte schlechterdings völlig egal ist. Und so fragt auch kaum jemand nach dem Raum dort im Erdgeschoss, den der Maler Erich Heckel 1922 bis 1924 im Auftrag des Museums ausmalte. Eine Abstellkammer. Daraus wurde ein Kunstraum. Die Bilder erzählen von den Welten der Frau und des Mannes, von Verbindendem und Trennendem.

Das Werk malte Heckel in Secco-Technik auf die Wände, die leider, wie oft bei alten Gebäuden, nur den Eindruck vermittelten, trocken zu sein. Feuchtigkeit zerstörte das Gemälde von Anbeginn. Während der Hitlerzeit wurde der Raum verschlossen und so die »entartete Kunst« vor der vollständigen Zerstörung bewahrt. Das Gerettete ist wunderschön.

Adresse Anger 18, 99084 Erfurt-Altstadt | **ÖPNV** alle Straßenbahnlinien, Haltestelle Anger | **Öffnungszeiten** Di–Fr 13–19, Sa und So 11–19 Uhr | **Tipp** Im Besitz des Angermuseums sind zwei Graf-Gotter-Porträts (siehe Seite 184). Der Mann verstand zu leben, solange er das Geld dazu hatte.

41 Die Heiligen Mühle

Rhythmisches Klappern

Wenn man ihn noch nicht hat, hier kriegt man ihn, den Blues. Aber nicht in Form einer fetten Depri, sondern als kräftige und kräftigende Musik. Zunächst mal ist das von außen und innen eine sehr alte Perlgraupenmühle, die einzige in Deutschland, die noch mit der Technik aus der Zeit um 1860 ausgestattet ist. Hier an der Schmalen Gera gehen Mühlenfachleute und Historiker ein und aus. Schon 1291 gab es die Anlage. Um 1500 steht als Besitzer ein Caspar Heiling in den Büchern. Nach dem heißt sie Heiligen Mühle. Ganz unheilig also.

Die Familie des jetzigen Besitzers wohnt und arbeitet hier seit 1839. Nicht nur zu Pfingsten, zum »Deutschen Mühlentag«, wenn Scharen von Besuchern sehen und erklärt haben wollen, wie so eine alte Mühle funktioniert, ist hier Publikumsbetrieb. Der Mühlen-Vater ist nämlich mit Leib und Seele Musiker, gehört seit Langem zur Erfurter Musikszene. Wenn er eines Tages was abgibt, dann nicht die Müllerschürze oder den Löffel, sondern die Trommelstöcke.

Das Musik-Gen hat er vererbt. Der Sohn hatte schon den Blues, als das noch den Ruch von Staatsfeindlichkeit hatte und als Blues und Polit-Karneval in Apolda zum frechen Blues-Fasching verschmolzen.

Und so werkeln Vater und Sohn tagsüber an der Mühle, es wird repariert, saniert, ausgebaut und für Vermietungen vorbereitet. Abends gehört der Mühleninnenhof oft den Herren an Gitarre, Keyboard und Schlagzeug. Der Müllersohn organisiert Konzerte. Die Crème des deutschen und Thüringer Blues spielt hier, aber auch Folker und Rocker. ZZ Top waren da und die Doors und sogar Deep Purple, also die Coverbands. Und wenn der Hausherr an der Schießbude sitzt, spielt »Naue's House Band«. Neben der Mühlentechnik kann man auch zwei kleine Ausstellungen anschauen. Eine zur Geschichte des Jazz, vor allem des Swings, mit einigen Originalstücken aus der Glenn-Miller-Sammlung des Hausherrn.

Adresse Mittelhäuser Straße 16, 99089 Erfurt-Ilversgehofen | **ÖPNV** Straßenbahn 1, Haltestelle Mittelhäuser Straße | **Öffnungszeiten** Mühlentag, Denkmaltag und zu den Konzerten, sonst nur auf Anmeldung (Tel. 0361/733297) | **Tipp** Das Tanztheater in der nahen Vollbrachtstraße 17 hat neuerdings eine eigene kleine Bühne im Haus. Organisiert werden Tanzfestivals und viele öffentliche Veranstaltungen.

42 Das Herrmannsdenkmal

Ein geschichtsverrückter Erfurter

Die Ersterwähnung Erfurts findet sich in einem Brief, den der Missionar Bonifatius 742 an den Papst schrieb. Die Ersterwähnung der Bratwurst anno 1404 verdanken die Thüringer dem Probst des Arnstädter Jungfrauenklosters. Und die Ersterwähnung der Thüringer? Schließlich gab es da doch mal ein großes Königreich. Versunkenes hin oder her, der Thüringer wird bereits um das Jahr 380 herum schriftlich erwähnt. Da schrieb der Römer Flavius Vegetius Renatus, dass die *toringi* gute Pferde hätten. Pferde – der beste Wert im Stall. Prädikat: Besonders pferdvoll!

Von diesem Wert abstrahierten die Erfurter völlig, als sie 1876 den Rossmarkt in Herrmannsplatz umbenannten. Man muss ihnen zugutehalten, dass sie den Platz nicht dem germanischen Varus-Verprügler zueigneten, sondern einem gewissen Carl Herrmann. Dieser Carl war ein ganzer Kerl, hoch engagiert, wenn es um seine Heimatstadt Erfurt ging. Carl war Kaufmann, Stadtrat – übrigens schon mit 26 Jahren – und Gründer des Geschichtsvereins. Eine echte Puffbohne, hier geboren, hier gestorben. Erfurt und Herrmann – zwei wie Pech und Schwefel. Wahrlich, denn er brachte die feuerspeienden Stahlrösser nach Erfurt, diese verkehrspolitische Revolution, die sich Eisenbahn nennt. Ohne ihn wäre 1846 der Direktionssitz der Thüringischen Eisenbahngesellschaft nicht hier eingerichtet worden. Viele Bürger trauten dem neuen Verkehrsmittel zunächst nicht. Begeisterung kam erst auf, als mit den Gleisen der Industrieboom kam. Herrmann hat die Gründung des Stadtarchivs initiiert, den Erfurtern Stolz auf ihre Kulturdenkmale beigebracht und ist immer wieder als Sponsor in Erscheinung getreten.

Der Brunnen auf dem Herrmannsplatz heißt natürlich auch nach ihm und ist ein großes Dankeschön für seine sehr weltlichen Taten, obwohl die Säule aussieht wie ein vom Dom abgebrochenes Ziertürmchen. Den frenetischen Hobbyhistoriker Herrmann hätte es gefreut.

Adresse Herrmannsplatz, 99084 Erfurt-Altstadt | ÖPNV Straßenbahn 3, 4 und 6, Haltestelle Domplatz, zu Fuß durch Domstraße und Stiftsgasse | Tipp Zum Anschauen: Hallenbad zu Wohnungen – das ehemalige Herrmannsbad wurde eine Wohnanlage. Leider auch Vergangenheit: das Off-Theater im leeren Schwimmbecken.

43_Die Hohle

In der »Ersten Erfurter Dauerkolonie«

Welch nette Begrüßung gleich nach dem Eintritt in die Gartenkolonie durch das Haupttor am Leinefelder Weg: »Dieser Weg wird nicht von Schnee und Eis befreit. Der Vorstand«. Fröhlich Goethes Osterspaziergang zitierend, geht man an den verglasten Infokästen vorbei, wo auf dem Parzellenplan schon das Ziel dieses Besuches ersichtlich ist: die Hohle. Auf dem Planbild erinnert sie an ein männliches Fortpflanzungsorgan, in Realität ist sie schöner.

Das Rondell am Eingang wird wohl noch längere Zeit von der Tieferlegung der Wasserleitung gezeichnet sein. Aber wenn man den Kiesweg weitergeht, vorbei an dem Blumenbeet in Herzform, setzt vielleicht die Erinnerung an frühere Besuche ein: Das Vogelhaus ist später dazugekommen. Der kleine Doppelteich, auf dem Planbild noch blau: in grauem Staub versickert. Wo auf halbem Weg die Hänge links und rechts steiler werden, gibt es immer noch die verwinkelten Treppenwege. Büsche und Bäume haben in mehrere Richtungen zugenommen. Es grünt, wie's grünt. Und am Ende des Hohlweges: das Ziel aller Wünsche, damals, der Ort, wo es Waldmeisterbrause gab und für die Männer einen kleinen Tauchsieder ins Bierglas, wenn's draußen kalt war: die Vereinsgaststätte. Und wer wollte, konnte gleich nach dem Runterstürzen der Brause auf dem Spielplatz hinterm Haus toben, um dort auf dem Karussell den Magen auf Rückwärtsgang zu schalten. Das war eine glückliche Kindheit.

Vieles ist immer noch wie damals. Aber die Grillhütte auf der Terrasse und die Ziehbrunnenattrappe sind neu. Und ein Schild wie für die Ewigkeit: »Dienstag Ruhetag«. Die ehemalige Staubstraße links an der Gartenkolonie vorbei wurde asphaltiert. Pferdekutschen gibt es dort nicht mehr und auch keine Pferdeäpfel, die die Oma immer flink aufkehrte, um damit die Erdbeeren zu düngen.

Die Gartenanlage »Erste Erfurter Dauerkolonie« wurde 1927 auf den Namen »Erdbeere« getauft. Mit dem Magistrat schloss man einen Pachtvertrag auf 99 Jahre. Und was wird nach 2026?

Adresse Leinefelder Weg, 99085 Erfurt-Krämpfervorstadt | **Anfahrt** Geschwister-Scholl-Straße bis zum Ende | **Tipp** Das Sommerfest in der »Erdbeere«: Im und rund um das Gartenlokal wird zünftig gegrillt, gespielt, getanzt und ein weiteres Kleingartenjahr gefeiert.

44_In der Iderhoffstraße

Von Preußenmarsch bis Schokopudding

Hier liegen gut 100 Jahre Historie eng beieinander. Krieg und Frieden. Weiß man's nicht, geht man achtlos vorbei. Vorn rechts prangen am Haus Nummer 45 die Notenkönige Richard Wagner und Franz Liszt, aber wer ist der Dritte im Bunde? Der 1802 in Döllstedt geborene Joseph Golde, königlicher Musikdirektor des Musikcorps des preußischen 32. Infanterieregiments Erfurt. Golde komponierte Musik, zu der man so herrlich schmissig in den nächsten Krieg marschieren konnte, den Preußenmarsch zum Beispiel, dazu den Fahnenweihmarsch und die Große Fest-Reveille. Dafür liebte man ihn, setzte ihm auch einen Gedenkstein, der aber entfernt wurde, als der Staat der Marschfreudigen krachend zusammengebrochen war. Das Relief in der Iderhoffstraße ist geblieben.

Und wer oder was ist Iderhoff? Ein Mann mit dem seinerzeit etwas irritierenden Vornamen Udo, davor Karl, dahinter Ludwig. Der gebürtige Elsässer lebte in den katzengoldenen 20er Jahren in Erfurt, war Mitglied in der Liga der Menschenrechte und im Internationalen Versöhnungsbund, ein Friedensaktivist aus christlicher Überzeugung. Er war im Republikanischen Richterbund und in Erfurt als »Anwalt der Armen« bekannt. So einem verboten die neuen Herren 1933 sofort die berufliche Tätigkeit. Es gibt ein Buch über ihn, aber nur noch in den Antiquariaten. »Ein Menschenanwalt« heißen die Erinnerungen von Johanna Iderhoff.

Und der Schokopudding? Der Zusammenhang ist zufällig: Joseph Goldes Sohn Adolph wurde im Haus Pilse 29 geboren. Da sitzen heute die Junglinken in ihrem Redroxx-Klub. Und in der Iderhoffstraße hängt ein paar Meter hinter dem Golde-Relief eine ausgediente Leuchtreklame: Rotplombe. Tja, wenn eine Puddingfabrik 1953 in der DDR aufgemacht wurde, dann erklärt sich der Name. Wobei: Plombe? Egal, Erfurter Kinder schleckten Pudding und rote (!) Grütze von »Rotplombe«. Und Brausepulver aus der Hand. Prickelnde Geschichte.

Adresse Iderhoffstraße, 99085 Erfurt-Krämpfervorstadt | **ÖPNV** Stadtbus 9, Haltestelle Ruhrstraße | **Tipp** Wer sich für »Rotplombe«-Produkte interessiert, wird auf www.kometpoehle.de fündig.

45 Die IGA-Freilichtbühne

Da wächst leider Gras drüber

Alles ist vergänglich. Vielleicht auch die seit Jahren geschlossene Freilichtbühne auf der ega. Ältere Erfurter sagen IGA. Beides meint das einst große Areal der »Internationalen Gartenbauausstellung«, nach der Wende klein geschnitten und auch kleingeschrieben: egapark. Das kleine »e« steht für Erfurt, aber auch für erstaunlichen Einsatz, für Engagement, Erholung und Erinnerung.

In den 50er Jahren legten Tausende Erfurter freiwillig und unentgeltlich Hand an. Der Kulturpark Cyriaksburg entstand, ein weitläufiger Garten mit Ausstellungshallen, Freiflächen, Pavillons und Springbrunnen. Die Türme der ehemaligen Festung baute man um in eine Sternwarte und einen Aussichtsturm. Auch die Freilichtbühne, damals die größte Europas, öffnete. Sie bot Platz für mehrere hundert Mitwirkende und war mit modernster Filmprojektionstechnik ausgestattet. Über 3.000 Zuschauer passten auf die Bänke. Besonders beliebt waren ab den 60ern die Sommerfilmtage. Gojko Mitic ritt als DEFA-Chefindianer über die Leinwand, Egon Olsen hatte fast jedes Jahr einen neuen pfiffigen Plan. Komödien wie »Einfach Blumen aufs Dach« und Musicalfilme wie »Nicht schummeln, Liebling!« erlebten ihre Premiere auf der Freilichtbühne.

Die IGA, das Mekka des sozialistischen Gartenbaus, war ein Magnet für mehrere Millionen Besucher im Jahr. Die Termine für Pressefest und Lichterfest standen unverrückbar fest in Erfurter Privatkalendern. Die IGA wartete sogar mit eigenem Postamt und Polizeirevier auf, mit Bibliothek und Lesegarten. Die Bürger der Blumenstadt Erfurt hatten sich ihren großen Garten schön gemacht. Das größte Blumenbeet Europas blühte alljährlich.

Es blüht auch heute noch, denn der egapark ist ein Kulturdenkmal von nationalem Rang. Und die Nation wird vielleicht auch wieder in Millionenstärke antanzen, wenn 2021 hier die Bundesgartenschau stattfindet. Das ist die Chance! Vielleicht mit einer neu eröffneten Freilichtbühne.

Adresse Gothaer Straße 38, 99094 Erfurt-Brühlervorstadt | ÖPNV Straßenbahn 2, Haltestelle egapark | Öffnungszeiten März, April 9–18 Uhr; Mai–Mitte Sept. 9–20 Uhr; Mitte Sept.–Ende Okt. 9–18 Uhr; Nov.–Feb. 10–16 Uhr | Tipp Schmetterlingshaus auf der »ega«: Hier fliegen 400 Schmetterlingsarten frei herum; faszinierende Farben und Formen.

46 Das Indian-Camp

Neben Bisons und Präriehunden

Kanadische Schwarzfußindianer haben ihm seinen Namen Goon-skoo-ist-tum-ma-kan gegeben. Das spielt auf sein weißes Haupthaar an. Er ist kein Indianer, er ist Musiker und Animateur. So steht's auf seiner Internetseite. Sein Camp heißt vollständig Dusty's Indian-Camp. Hier wohnt der Mann das ganze Jahr über, hat harte Winter und sengende Sommer überstanden und auch den Orkan Kyrill, als die fest im Boden verankerten Tipis zu wandern anfingen. Vier dieser Indianerzelte stehen auf der Festwiese des Erfurter Zooparks. Aber auch Blockhaus, Saloon-Zelt und Lodge. Kindergartengruppen und Schulklassen übernachten hier, Familien, manchmal ein Städter, der im Sommer vorsichtig Outdoor probieren will.

Die Vorgeschichte des Camps beginnt mit jugendlicher Indianerschwärmerei, Karl-May-Büchern und der Mitgliedschaft in einer der DDR-Nischen, in einer Indianistikgruppe des Kulturbundes zur Pflege des Brauchtums der nordamerikanischen Prärieindianer. Die belächelten und manchmal beneideten weißen Rothäute lebten am Wochenende in der Kommune und spielten nicht nur Indianer, sondern beschäftigten sich sehr ernsthaft mit indianischem Denken und Tun. Beides kann man heute im Indian-Camp auch. Die Kinder nähern sich auf spielerische Weise, die Erwachsenen können am Lagerfeuer philosophieren. Oder schweigen.

Klondike, der Camphund, hat schon einiges gesehen. Manchmal kommen wettkampferprobte Hundeschlittenlenker hierher, zum Trainingsauslauf mit Sommerwagen für die Huskys. Echte Indianer waren zu Gast. Sächsische und thüringische Indianer trafen sich zum Pow-Wow. Kinder üben Bogenschießen, Goldwaschen und Perlenstickerei, messen ihre Kräfte bei indianischen Spielen, lernen Respekt vor anders aussehenden Menschen und vor der Natur: Der fleißige Zaunkönig zum Beispiel hat drei Frauen in drei Nestern, eins davon in einem Zylinder in der Lodge. Das ist eben ein ganz anderer Kulturkreis.

Adresse Am Zoopark 1, 99087 Erfurt-Roter Berg | ÖPNV Straßenbahn 5 und Bus 26, Haltestelle Zoopark | Anfahrt ab Am Roten Berg Ausschilderung folgen, Parkplätze am Zoo | Tipp Mit kleinen Kindern im ausgeliehenen Bollerwagen durch den Zoopark ziehen, viel Park und viele Tiere am Roten Berg. Unbedingt die Stars besuchen: Erdmännchen.

47 Der Johannesplatz

Die erste große Platte

Wer 1967 hierherzog, war Erstbezieher und wurde milde gehänselt. Ach, ihr zieht ins Blechbüchsenviertel!? In den ersten Jahren waren zwar die Wohnblöcke fertiggestellt – modern, fernbeheizt, hell –, aber es gab keine befestigten Wege und Straßen. Wenn es geregnet hatte, kam man ohne Gummistiefel nicht unbeschadet bis zur Straßenbahnhaltestelle in der damaligen Karl-Marx-Allee. Nach der Schule stromerten die Kinder herum, buddelten weiter, wo die Bauleute angefangen hatten, fanden alte Knochen von längst vergessenen Erfurtern oder französischen Kriegsgefangenen. Denn das Areal des ersten sozialistischen Großplattenwohngebiets mit dem Namen des Kirchenheiligen Johannes lag einst weit vor dem Johannestor, also vor der Stadt. Aber die war gewachsen. Und so baute man dort, wo einst Vieh weidete, dann erst französische, danach preußische Truppen exerzieren mussten, wo ein Friedhof lag und im Krieg 1870/71 ein Gefangenenlager. Hier setzten die Werktätigen des Bauwesens das Wohnungsbauprogramm der SED in die Tat um.

Die Hänseleien wichen bald neidischen Bemerkungen. Es wohnte sich immer komfortabler. Eine Schule wurde gebaut, Kindergarten und Kinderkrippe, eine Kaufhalle, eine Gaststätte mit Saal, wo zur 60/40-Musik der Diskothek »abgedanct« werden konnte, dann auch eine Schwimmhalle, Sportanlagen, Arztpraxen, eine Bibliothek. Wie das so mit ersten Versuchen ist: Man will es besonders schön machen. Und so stehen die Wohnblöcke am Johannesplatz nicht so dicht wie anderswo. Viel Grün konnte dazwischen wachsen. Auch die himmelwärts strebenden, übergroßen Menschen aus Bronze gehörten und gehören dazu.

Die Leute, die hier wohnten, waren sich in den ersten Jahren sehr nahe. Einige Hausgemeinschaften verstanden sich als große Familie. Das neue Umfeld schien den neuen Menschen geradezu automatisch hervorzubringen. Doch mit den ersten Mieterwechseln verlor sich die Euphorie der Erstbezieher.

Adresse Johannesplatz, 99086 Erfurt-Johannesplatz | ÖPNV Straßenbahn 1 und 5, Haltestelle Wendenstraße | Tipp Wandbild von Otto Knöpfer in der Gaststätte. Glücklicherweise hat er viel Besseres gemalt, zum Beispiel Landschafts- und Pflanzenbilder. Nach dem volksnahen Thüringer Künstler wurde der Otto-Knöpfer-Wanderweg zwischen Arnstadt und den Drei Gleichen benannt.

48 Das Jugendhaus Fritzer

Wissen, woher was kommt

Der Ort schäumt oft über, hier pulsiert das Leben. Jugendliche Energie lädt ihn auf. Rhythmus. Klänge. Lachen. Geschrei. Das ist das Fritzer. Gleich hinter der Eingangstür wird mit einfachen Worten an der Wand klargemacht, was in diesem Haus Sache ist: Vertrauen. Respekt. Verständnis. Dankbarkeit. Rücksichtnahme. Dazwischen ein Herz, darüber steht: »Das Fritzer liebt dich.«

Das Fritzer ist ein Jugendhaus. War es seit 1940 immer. Und nie war das Haus schuld an dem, was drinnen geschah. Zuerst wurde jugendliches Kanonenfutter erzogen. 1945 verwüsteten Plünderer das Gebäude. Ein Jahr später Wiedereröffnung in Verantwortung des neuen Jugendverbandes. Auf der Wiese gab's Luftgewehrschießen und im Haus ideologische Kurse und Samowarabende. Aber immer öfter fanden auch Veranstaltungen statt, die den Ruch des Illegalen hatten, oft Konzerte Erfurter Nachwuchsbands. Dann die Wende. Und die Frage, was mit dem Jugendhaus »Fritz Noack« wird. Die Stadt als Eigentümerin übergab das Haus einem freien Träger. Offene Jugendarbeit. Kindern und Jugendlichen Raum und Räume geben. Die kommen in großer Zahl, unter der Woche ist das Fritzer am Nachmittag fest in ihrer Hand. Es gibt Probenräume für junge Musiker, Platz zum Spielen drinnen und draußen, Lümmelecken. Die Jugendarbeiter sind Veranstalter, Kumpel, Erzieher und Lehrende für soziale Kompetenz.

Und warum heißt das Fritzer Fritzer? Neugier trieb Klubleute und Jugendliche ins Stadtarchiv und sogar nach Berlin ins Bundesarchiv. Man muss schon ein Sherlock-Holmes-Näschen haben, um die Spuren eines 1905 in Erfurt geborenen Arbeiterkinds zu finden. Fritz Noacks Leben war kurz: Kommunist, oft arbeitslos, zu aufmüpfig, Heirat 1930, zwei Kinder, 1933 in die Illegalität gezwungen, verhaftet, gefoltert, 1939 im Gefängnis auf dem Petersberg von SA-Leuten ermordet. Die Gedenktafel für ihn wurde beim Aufräumen im Fritzer wiederentdeckt und nicht wieder versteckt.

Adresse Talstraße 13, 99089 Erfurt-Andreasvorstadt | **ÖPNV** Straßenbahn 3 und 6, Haltestelle Bergstraße, zu Fuß Bergstraße talwärts | **Öffnungszeiten** Mo, Di und Do 14–20 Uhr, Mi 14–21 Uhr, Fr 14–22 Uhr | **Tipp** Wer weiß, was ein Düker ist, findet einen an der Schlüterstraße, wo sich zwei Wasserläufe (Flutgraben und Schmale Gera) kreuzen, ohne sich zu vermischen.

49_Der Kaisersaal

Kaiser, Kanzler und viel Volk

Was man alles für Geschichten erzählen könnte. Von Napoleon und Zar Alexander, die sich 1808 hier beim Fürstenkongress trafen, aber gar nicht in diesem Haus, denn das wurde 1831 neu gebaut. Als der Herr Kaiser hier weilte, hatte die Stadt übrigens schlagartig mehr als doppelt so viele Einwohner. Napoleon ließ sich vom europäischen Adel hofieren. Umsatzstarke Tage für Gastronomen, Herbergswirte und Taschendiebe.

Von rauschenden Ballnächten könnte man erzählen, von Theateraufführungen in höchster Qualität und voll biedersten Schwachsinns, vom 1891er Parteitag der Sozialdemokraten, die hier das »Erfurter Programm« verabschiedeten und überhaupt erst seit damals SPD heißen, von Konzerten mit dem Teufelsgeiger Paganini oder den Klaviervirtuosen Clara Schumann und Franz Liszt. Aber auch davon, dass der Kaisersaal gar nicht nach den Kaisern von 1808 so heißt, sondern ganz deutsch wegen des 1871 gegründeten Kaiserreichs. Von der Zeit als Betriebsgewerkschaftshaus und von den großzügigen Spenden aus dem Westen, die nach der Wende das Haus in voller Schönheit retteten, aber von denen auch so einige deutsche Märker nach Düsseldorf zurückflossen. Kohl war hier. Merkel diskutierte mit Bürgern, beobachtet von TV-Kameras. Könnte man alles erzählen. Lieber aber zwei andere Geschichten.

Die eine geht so: Ein Erfurter erhielt von der Bundeskanzlerin ein Autogramm vor der Kaisersaal-Tür. Ihr Signet steht nun zwischen Peter Maffay, Joschka Fischer, Horst Köhler und vielen anderen Prominenten – in einem DDR-Reisepass.

Und die andere: Im Kaisersaal finden seit vielen Jahren Jugendweihefeiern statt. Hunderte Jugendliche kommen im Garten zu großen Gruppenfotos zusammen. Zwischen den alten Mauern und dem frischen Grün posieren sie, um »Tschüss, Kindheit!« zu sagen. Und wenn die aufgeregten Neuerwachsenen weg sind, hat man den Garten minutenlang ganz allein für sich.

Adresse Futterstraße 15/16, 99084 Erfurt-Altstadt | **ÖPNV** alle Straßenbahnlinien, Haltestelle Anger, zu Fuß durch die Johannesstraße, dann links | **Anfahrt** Parkhaus Anger 1, im Kaisersaal Chip rabattieren lassen | **Öffnungszeiten** nur zu Veranstaltungen | **Tipp** Für Feinschmecker: Im Restaurant am Kaisersaal (vormals »Alboths Restaurant«) wird auf hohem Niveau gekocht.

50_Kakteen-Haage

Mit Schwiegermutterstuhl

Die folgende Geschichte ist auch für Vegetarier geeignet, sie ist fleischfrei und beginnt kurz nach 1800 am sächsischen Hof. Ein junger Herr Haage rettet die frostgeschädigte »Königin der Nacht« des sächsischen Königs Friedrich August II., bringt sie pünktlich zu einer Fete zum Blühen, legt ein paar Wanderjahre ein und beginnt dann – ganz klein – in Erfurt ein bedeutendes Gartenbauunternehmen aufzubauen. Goethe, Liszt und Alexander von Humboldt sind später aufmerksame Besucher der Firma. Einer der folgenden Firmenchefs wird ein international hochgeschätzter Kakteenfachmann (und nebenbei mehrfacher Radfahrweltmeister) und verlegt die Gärtnerei an den heutigen Platz, lässt die Firma erblühen, bis der erste große Krieg fast alles zerstört. Der nächste Haage rettet das Unternehmen und steigt ebenfalls zu den weltbekanntesten Fachleuten auf, schreibt Kakteenbücher (dort findet man auch den »Schwiegermutterstuhl«), die heute noch gelesen werden, geht auf Kakteenexpeditionen, muss in Erfurt statt dieser nicht arischen Stachelpflanzen Gemüse anbauen, pflegt natürlich weiter die Stachler, die im Nachkriegswinter erfroren wären, hätte nicht ein russischer Offizier für mehrere Wagenladungen Kohle gesorgt. Kakteen werden nach dem Haagewalther benannt, dessen Betrieb dann zur volkseigenen »Brigade Kakteenzucht« wird. Niemand außer einem Haage kann die Leitung übernehmen. Der profitiert vom Kakteenboom der 70er, verfünffacht die planwirtschaftliche Kakteenbewirtschaftung und erreicht die Reprivatisierung der »Gärtnerei Haage«, die 2012 im 190. Jahrgang einen Samenkatalog veröffentlicht. Noch was vergessen? Ja, die Verlagsgründung 2005 heißt natürlich »HAAGE-Kakteen-Verlag«.

Die Gewächshäuser sind offen, fast zwei Millionen Kakteen warten auf Käufer und Stauner. Und der Höhepunkt: die alljährlichen Kaktusmenüs für rund 500 Fans und Mutige. Darauf trinken wir einen Kaktuslikör!

Adresse Blumenstraße 68, 99092 Erfurt-Andreasvorstadt | **Anfahrt** B 4 stadtauswärts, 1. Abfahrt nach Bindersleben Knie, links über die Brücke | **Öffnungszeiten** Mo–Fr 8–18 Uhr (im Winter bis 16 Uhr), Sa 10–15 Uhr | **Tipp** Liebhaber der kleinen und großen Stachelpflanzen können auch noch das Kakteenhaus im egapark besuchen und die Haage-Villa im Kressepark.

51_Der Keller am Benediktsplatz

Munteres Munkeln im Dunkeln

Wie viele mittelalterliche Städte ist Erfurt zu großen Teilen unterkellert, dass es eine Freude für alle ist, die gern in den Untergrund gehen. Bedienung in historischen Kostümen begrüßt den Gast im Luther-Keller in der Futterstraße. Im Keller der Alten Synagoge ist der Erfurter Gold- und Silberschatz ausgestellt. Ein Fall fürs Trommelfell sind das Teenitus-Festival und weitere die Hörfähigkeit stark einschränkende Veranstaltungen im Museumskeller am Juri-Gagarin-Ring oder im Engelsburgkeller. Wenn man sich artig anmeldet, und zwar im Stadtmuseum, kann man über den Kreuzhof des Wigbertiklosters (siehe Seite 228) in einen Originalluftschutzkeller von 1938 hinuntersteigen. Viele Keller Erfurts sind nicht öffentlich begehbar, manche waren es mal und harren einer zukünftigen Vergangenheit, so zum Beispiel der Gutenbergkeller in der Johannesstraße. Durch die Kellergänge des Petersberges gibt es täglich Führungen. Einen Keller-Verlag hat Erfurt auch – die Mitarbeiter sitzen aber nicht im Keller, sondern in einer mehrstöckigen Villa in Gispersleben und machen Telefonbücher und das t.akt-Monatsmagazin. Keller, Keller, man kriegt den Keller-Koller!

Direkt unter der Erfurt-Information am Benediktsplatz ist ein großer Keller, Ausgangsraum für eine Besichtigung der besonderen Sorte, denn in diesen Keller kommt man nur am »Tag des offenen Denkmals« Anfang September oder in Begleitung eines leicht durchgeknallten, kauzigen Typs, der vorgibt, ein genialer Erfinder zu sein. Der Mann nennt sich Herbert Kurz, heißt in Wirklichkeit freilich ganz anders und ist Teil des Individualistenkollektivs »Erfurter Theatersommer«. Die Leute spielen auch in jeder anderen Jahreszeit und haben sich hierfür Orte gesucht, zu denen man Geschichten erzählen kann. Sie erzählen sie auf ihre oft skurrile, fröhliche Art genau dort. Festes Schuhwerk, warme Jacke an- und den Kopf einziehen!

Adresse Erfurt-Information, Benediktsplatz, 99084 Erfurt-Altstadt | **ÖPNV** Straßenbahn 3, 4 und 6, Haltestelle Fischmarkt | **Tipp** Weitere theatralische Stadtführungen findet man auf www.erfurter-theatersommer.de. Termine gibt es das ganze Jahr über.

52 Die Kirche Waltersleben

Rocket den Herrn

Im Gegensatz zur Leipziger war diese Nikolai-Kirche in der Vorwendezeit kein Treffpunkt für Friedensgebet und Demoaufruf. Noch ein paar Jahre, und für die Walterslebener Kirche wäre es Matthäi am Letzten gewesen.

Seit 1975 wurde sie nicht mehr genutzt und verfiel. Nach der Wende wurde mehrfach eingebrochen und geplündert. Die Lindenholzschnitzereien am Altar und die Orgelpfeifen verschwanden. Wenn man heute zur Orgel hochschaut, scheint sie wieder vollständig zu sein, aber die Pfeifen sind nur gemalt. Inmitten des Instruments steht: »Singet dem Herrn ein neues Lied«. Genau das tun die Walterslebener. Kann schon passieren, dem Herrn pfeifen die Ohren, weil er mit Led Zeppelin, Dieter Bohlen oder den Wildecker Herzbuben beschallt wird.

Die Walterslebener haben ihre Kirche gerettet. Gemeinsam. Eine umtriebige Ortsteilbürgermeisterin trieb Geld auf, ruckte und rückte nicht, als die Stadt Erfurt das ehemalige Waid- und Küchendorf, das eine Weile sehr unabhängig war, wieder schluckte, aber sich zierte, für die Kirche Geld hinzulegen. Die Bürger legten fast 40.000 Euro in kleinen Scheinen dazu und übten sich ausführlich im gemeinnützigen dörflichen Aufbauwerk. Mutter Kirche gab auch. Der Turm bekam seine barocke Haube zurück, das Kirchenschiff ein neues Dach und Waltersleben ein neues Bürgerhaus.

Im Turm ist jetzt der Sakralraum. Eine hohe Glastür trennt ihn vom Kirchenschiff, das nicht wieder geweiht wurde. Es ist heute die Bürger-Begegnungsstätte. Kindertheater wird hier gespielt, der Donkosakenchor singt, die Bürger mieten sich zu Geburtstags- und Trauerfeiern ein. Erdwärme heizt. Beim Volksfest steht der selbst gebaute Bierwagen neben der Kirche. Falken brüten wieder regelmäßig auf dem Turm, man sieht ihre Spuren auf dem neuen Anstrich. Die eisenschwarze Wetterfahne dreht sich wieder – und das goldglänzende Kreuz obendrauf dreht sich mit.

Adresse Weite Gasse 25, 99097 Erfurt-Waltersleben | ÖPNV Bus 75, Haltestelle Waltersleben | Anfahrt Arnstädter Straße stadtauswärts, Arnstädter Chaussee, (kurze) Einfahrt Waltersleben | Tipp Kleiner Ausflug in die Nachbarstadt: Affenteppiche ansehen im Arnstädter Schloss. Die adlige Oberschicht ist dort dargestellt – als Affen. Und in »Mon plaisir« kann man Adelige und Dienerschaft in Puppenstubengröße bestaunen.

53 — Die Kirchgasse

Gefahrenzone für Frauen

Der touristische Trampelpfad führt ins Augustinerkloster hinein und links wieder hinaus, um sich in den Gassen der Altstadt zu verzweigen. Aber auch die Erfurter hasten meist die Augustinerstraße entlang, haben vielleicht einen Termin bei ihrer Krankenkasse in dem Haus mit dem 30er-Jahre-Portal oder wollen zum abendlichen Flüssigkeitsvernichtungsvergnügen in eine Tränke an der Kneipenmeile Michaelisstraße.

Ein kleiner Schwenk nach links – wenn man von der Johannesstraße kommt nach ungefähr 100 Metern – verändert rasch die Pulsfrequenz. Die sinkt nämlich zunächst, weil in der engen Gasse fast die Zeit stehen geblieben ist. Rechts die hohe Mauer des Augustinerklosters, links die geduckten Fachwerkhäuschen, abends etwas funzlig beleuchtet von den alten, verschnörkelten Straßenlaternen. Man hat ausreichend zu schauen und verlangsamt unwillkürlich den Schritt, läuft durch die Vergangenheit mitten im Heute.

Eine putzige Idylle scheint das zu sein. Nun ja, ist es aber nicht für jeden, vor allem nicht für jede. Denn während Hans oder Paul Guckindieluft die Augen oben wandern lassen, schaut die hochhackig beschuhte Begleitung ängstlich nach unten. Das ist kein platter Plattenweg, sauber verputzt, die Fugen dicht verfugt. Mit mittelalterlicher Schuhmode hat man den Weg gewiss problemlos bewältigt, aber heute hacken High Heels mit zackigem Ton übers Buckelpflaster, bis ein Stilettoabsatz in eine der vielen Fugen sticht und sich verkeilt. – Das Wort Stilett stammt übrigens aus dem Italienischen und bezeichnet eine drei- oder vierkantige Stichwaffe. Deswegen!

Die kleine Gasse zwischen Augustinerstraße und Comthurgasse müsste eigentlich an beiden Seiten mit Warnschildern versehen werden: Betreten für Frauen auf eigene Gefahr! Ein blaues Flachschuh-Gebotsschild ginge auch. Es ist, als würde die Gasse sagen: Ich brauch euch nicht, ich bin selbst schön!

Adresse Kirchgasse, 99084 Erfurt-Altstadt | **ÖPNV** Straßenbahn 1 und 6, Haltestelle Augustinerstraße | **Tipp** Der Architekt Theo Kellner – Schüler von Feininger und Poelzig – entwarf das 1930 errichtete Gebäude der Allgemeinen Ortskrankenkasse in der Augustinerstraße 38. Kellner war auch maßgeblich am Wiederaufbau von Frankfurt am Main nach dem Krieg beteiligt.

54 KOMM

Die verschmähten Buchstaben

Willy Brandt weilte in Erfurt. Er traf sich mit einem weiteren Willi. 1970 war das, nannte sich innerdeutsche Gespräche. In Erfurt standen die Menschen dicht an dicht auf dem Bahnhofsvorplatz, dem heutigen Willy-Brandt-Platz, und riefen Brandt zum berühmten Fototermin heraus. »WILLY, KOMM ANS FENSTER!«, skandierten sie, und der andere Willi soll sich auch gefreut haben, dass ihn die Bürger so frenetisch herbeiriefen.

Als ein Willy-Brandt-Denkmal ausgelobt wurde, beteiligten sich 123 Künstler am Wettbewerb. Es gewann letztlich deutlich der klare Leuchtschriftzug eines Berliner Künstlers. Zwar lässt sich über Kunst streiten, was aber nach dem Juryurteil in Erfurt passierte, ärgerte den Künstler so sehr, dass er erkrankte. Heute leuchtet nachts »WILLY BRANDT ANS FENSTER« auf dem ehemaligen Hotel »Erfurter Hof« (einst auch Aufenthaltsort des Hochstaplers aus Not, Harry Domela, nachzulesen in seinen Memoiren »Der falsche Prinz«).

Es war wirklich eine Schnapsidee, die der Chef des nicht kommerziellen Erfurter Lokalradios und der damalige Erfurter Stadtschreiber daraufhin ausheckten: Das geschasste KOMM sollte in Erfurt bleiben. Zum 20. Geburtstag von »Radio F.R.E.I.«, das in der Vorwendezeit als Piratensender von Erfurter Dächern und aus wechselnden Wohnzimmern illegal gesendet hatte, kam das KOMM aufs Senderdach, eine zeitweilige, leuchtende Kunst-KOMMpagne. Der Künstler war vom Buchstabenasyl zum Radiogeburtstag begeistert. Ein Buch erschien und eine KOMMpiläischn, eine CD mit Musik der Radio-F.R.E.I.-Freunde.

Die Radioleute kauften dann das K und O und sammeln noch für M und M. Wenn KOMM vom Dach herunterKOMMt, soll es wandern, temporär Erfurter Kunstereignisse erleuchten.

Noch Fragen? Wieso die Pünktchen bei F.R.E.I. stehen? Es ist eine Abkürzung: Freier Rundfunk Erfurt International. Die Rundfunker wollten schon immer hoch hinaus.

Adresse Radio F.R.E.I., Gotthardtstraße 21, 99084 Erfurt-Altstadt | **ÖPNV** Straßenbahn 1 und 5, Haltestelle Kaisersaal, dann durch Schottenstraße und Schottengasse | **Tipp** Das Computerterminal im »Erfurter Hof« bietet Informationen zu Willy Brandt, zum Treffen 1970, zur Ostpolitik sowie zum Denkmal.

55 Der Kornhofspeicher

Weltweites Erstaunen eingeplant

Ein imposanter lang gestreckter altertümlicher Bau, an einer Wand ein Schild in Wappenform mit der Aufschrift: »Spätmittelalterlicher Zweckbau in originalem Zustand. Diente zur Aufbewahrung des Zinsgetreides (1465–73)«.

Das ist der städtische Kornhofspeicher. Er dürfte einer der größten und besterhaltenen spätmittelalterlichen Kornspeicher weltweit sein. Ein dreigeschossiger Profanbau mit einem viergeschossigen biberschwanzgedeckten Knüppelwalmdach, dessen vierschiffige Holzkonstruktion noch fast die originale ist. Profanität, Größe – Grundfläche 1.800 Quadratmeter – und Zustand des Gebäudes führten dazu, dass es keiner mehr haben wollte. Ein Denkmal ohne Sinn und Zweck, verfallend, ein Bild des Jammers. An einigen Stellen wuchsen Bäume und sprengten das Mauerwerk.

Zur Rettung gab es viele Ideen, aber zu wenig Geld. Die Zukunft des Speichers stand mehrfach zur Debatte. Dann wurde er eines Tages komplett bunt eingehüllt, als sei das Verpackungskünstlerpaar Christo und Jean-Claude in der Stadt.

Doch nein, der Holzwurm war es, und der sollte, samt seiner großen Familie, das Kornhofspeicherholz nicht länger als Mahlzeit betrachten. Dann sprach sich herum, wer und warum den Wurm, der ja eigentlich ein Nagekäfer ist, ausgeräuchert hatte: Ein Investor (oder war's ein Inwestor?) stellte sich als netter Retter der bröselnden Holzkonstruktion vor. Eine nicht unumstrittene Rettung, weil sie mit dem Ziel durchgeführt wurde, aus dem Speicher – jetzt nicht erschrecken! – ein Parkhaus zu machen. Die Werbung: »Dieses Parkhaus wird europa-, vielleicht weltweit seinesgleichen suchen.« Nicht vielleicht, ganz bestimmt! Auch das Kopfschütteln bewegt sich in diesen Regionen.

Wenn man sich zudem vergegenwärtigt, dass der Speicher einst auf dem alten jüdischen Friedhof gebaut wurde, dass hier bei Bauarbeiten Grabsteine gefunden wurden, der älteste fast 800 Jahre alt …

Adresse im Hof Große Ackerhofsgasse, 99084 Erfurt-Altstadt | **ÖPNV** Straßenbahn 3 und 6, Haltestelle Webergasse/Andreaskirche | **Tipp** Für Zweiradfahrer und -innen: Wer mal gefahrlos auf Autofahrer runtergucken will, nutze den Fahrradweg Andreasstraße Richtung Domplatz.

56 Die Krämerbrücke

Ein Wahrzeichen von unten

Ein komisches Bauwerk ist das schon. Stehen Touristen auf der Krämerbrücke, fragen sie meist, wo dieselbe denn sei. Steht man daneben auf der parallel verlaufenden Rathausbrücke, fragt man sich, wieso die alte Brücke nicht dem jahrhundertelangen Abrisswahn zum Opfer gefallen ist. Antwort: Wegen der Kosten, und außerdem könnte Erfurt dann nicht mit der einzigen beidseitig bebauten und bewohnten Brücke nördlich der Alpen punkten. Oft wundern sich Leute, wie man wohl trockenen Fußes hinter die Krämerbrücke kommt. Im Breitstrom liegt nämlich eine Insel, die an der Brücke endet. Dabei ist es so einfach. Und erlaubt; einfach unter der Brücke durch. Imposant.

Anfangs war es ja nur ein Holzbrücklein mit mobilen Krämerbuden neben der viel befahrenen Furt, von der Erfurt höchstwahrscheinlich seinen Namen hat: Erphesfurt. Die Onomastiker, was die Namenswissenschaftler sind, streiten, ob die Bezeichnung vom germanischen »dunkelfarbig, braun, schwarz« für die damals sumpfige Wasserfarbe kommt oder vielleicht doch vom sagenhaften Müller Erph. Auf jeden Fall ist die alte Brücke zwischen 1175 und 1293 siebenmal bei Stadtbränden abgefackelt worden. Da hatten die Stadtväter die Nase voll, kauften die Brückenrechte vom kirchlichen Eigentümer und ließen einen steinernen Übergang mit hölzernen Krämerbuden darauf und mit Kirchen an den Brückenköpfen bauen. Die Kirchen wurden später wieder abgerissen, man war da nicht so zimperlich. Übrig blieb der Ägidienturm. Ein weiterer Brand 1472 war Anlass, die Brücke mit Wohnhäusern zu bebauen. Deshalb wurde sie links und rechts verbreitert, aber selbst die Vergrößerung hat aus den kleinen Puppenstubenwohnungen nur etwas größere Puppenstuben gemacht.

Unter der Brücke riecht es nicht immer gut. Aber hat man die 26 Meter Tunnel hinter sich, hat man die Insel und die neugierigen Blicke vieler Touristen und einiger Erfurter für sich allein.

Adresse zwischen Benediktsplatz und Wenigemarkt, 99084 Erfurt-Altstadt | **ÖPNV** Straßenbahn 3, 4 und 6, Haltestelle Fischmarkt | **Tipp** Der Mittelalterweihnachtsmarkt ist Teil des berühmten Erfurter Weihnachtsmarktes und doch ganz anders. Auf dem Wenigemarkt geht es etwas geruhsamer zu. Auch noch nach dem Fest.

57 Der Kressepark

Unscharfe Klingen

Auf alten Erfurt-Fotos knien Frauen in langen Kleidern und mit leicht schmerzverzerrtem Gesicht auf schmalen Brettern. Wären es nicht Schwarz-Weiß-Fotos, könnte man sicher sehen, dass ihre Hände rot gefroren sind, denn ringsum liegt Schnee. Was tun die Frauen da? Sie ernten die Klingen leer.

Mal langsam, was bitte? Sie pflücken Brunnenkresse, ein wichtiger Vitamin-C-Lieferant zu Zeiten, als noch nicht alles Obst und Gemüse aus aller Welt zu allen Zeiten im Supermarkt lag. Echte Brunnenkresse schmeckt frisch und leicht scharf, verursacht durch das Senfölglykosid Gluconasturtiin. Bitter- und Gerbstoffe sind drin, Zucker, A-, B-, C- und E-Vitamine, Eisen, Jod, Phosphor, Calcium. Die Pflanze wächst auch wild, aber für Erfurt hat Christian Reichart sie kultiviert (siehe Seite 172). Am besten wächst die Kresse in Klingen, in rechteckigen Bassins oder in Teichen mit ständig fließendem, frischem Quellwasser.

Napoleon war so begeistert von dem grünen Gemüse, dass er gleich zwei Kressegärtner nach Versailles verbringen ließ, damit die dort Klingen anlegten und die Brunnenkresseproduktion ankurbelten. Europaweit gab es große Nachfrage: Erfurter Brunnenkresse wurde per Expresszug in viele Großstädte gebracht. Schnell und frisch auf den Tisch.

In den 1970er Jahren trockneten die Erfurter Klingen aus. Eine kann man im Kressepark noch sehen, es ist die grasbewachsene Kuhle mit den Brettern. Die bewirtschafteten Klingen sind anderswo. Aber es gibt in der alten Villa auf dem Gelände heute ein Restaurant, wo auch Kressesüppchen auf der Karte steht. Und frischer Fisch aus den umliegenden Gewässern. Wenn nicht gerade Kindergruppen über das Gelände toben oder eine After-Work-Party im Beach Club steigt (der Ausdruck gehört verboten, weil After ja nicht unbedingt ein schönes Wort ist), dann fliegt auch mal ein Eisvogel vorbei, um Mundraub in den Gewässern zu begehen.

Adresse Motzstraße 8, 99094 Erfurt-Brühlervorstadt | **ÖPNV** Straßenbahn 6, Haltestelle Steigerstraße | **Öffnungszeiten** Kressepark: Mo–So ab 9 Uhr | **Tipp** Eine Wanderung weiter bis zum »Bachstelzen-Café«, einem typischen Erfurter Ausflugslokal in Bischleben, Hamburger Berg 5, bietet sich an.

58 Die Kurvensteine

Von unkantigen Ecken

Hausecken sind erstaunlich vielseitige Orte. Neutral abwartend lehnt der Eckensteher an der Kante. Vorsichtig lunst (so heißt das in Erfurt, wenn jemand illert, luchert, blinzelt, blickt) ein Mensch um die Ecke herum, und kalt pfeift ein Wind ums Eck. Ecken sind Treffpunkte, Slapstick-Zusammenstoß-Stellen und potenzielle Tatorte. Jemand über die Straße oder ihn auf die Palme ist besser, als ihn um die Ecke zu bringen.

Ecken können in einer Stadt viele Geschichten erzählen. In Erfurt zeugt das Angereck von Bauwahn, die alten Eckkneipen von bier- und rauchgeschwängerten Feierabenden, im Balkan-Eck geht's zumeist ganz friedlich zu, und zu Besuch war in der Thüringer Landeshauptstadt schon so manche Eckszellenz. Verzeihung, Scherz!

Wieder vorwärts in die Vergangenheit. Erfurt lag viele Jahrhunderte lang am Kreuzungspunkt wichtiger Fernstraßen. In nordsüdlicher Richtung verlief die Nürnberger Geleitstraße und in ostwestlicher Richtung die Via Regia, von Santiago de Compostela bis Kiew. Ungefähr auf der Hälfte der Strecke mussten Pferd und Wagen durch die engen Tore der Krämerbrücke gelenkt werden. Damit Fahranfänger oder notorisch betrunkene Kutscher nicht jedes Mal ein Stück Mauerwerk an den Hausecken mitnahmen, setzte man vor die Ecken noch einen zusätzlichen Stein. Den kennen einige sicher von früher – das Sucherkind stand mit geschlossenen Augen an der Mauer und rief in singendem Tonfall: »Eins, zwei, drei, vier Eckstein, alles muss versteckt sein …« Die Ecksteine hießen auch Kratzsteine, und wenn man sie sich heute ansieht, entdeckt man sofort, warum.

Sie sind ziemlich zerkratzt. Jahr für Jahr sind Hunderte, Tausende Kutschräder an den Ecksteinen entlanggekratzt, angestoßen, etwas weggesprungen, und weiter ging's. Aber wer verschwendet heute einen Gedanken an die Steine, wenn er ruft: Verschwinde! Hau bloß ab! Kratz die Kurve!

Adresse unter anderem in der Waagegasse und an der Krämerbrücke, aber auch an vielen weiteren Ecken | Tipp Redewendungen mit Erfurt-Bezug (beginnend mit »Kratz die Kurve!«) erklärt die Broschüre »Geflügelte Worte in Erfurt«, erhältlich unter anderem in der Tourist-Information.

59_Die Lagune

Da wächst was heran

Jedes Kind will es: Buddeln in der Erde. Und der Herr Schreber hat deutsch-beamtisch seinen Namen dafür gegeben. Das Kind im Manne findet sich auch in der Frau. Da erdwerkeln sie nun – Frau, Mann, Kinder – in ihrer Freizeit, legen etwas in die Erde, und das grünt dann so schön grün. Vor allem, wenn es rundherum nicht nur am Morgen städtisch graut, erfreut der Anblick.

Das ist ja derzeit »aptudäjt«, groß im Kommen unter Städtern. In den Vereinigten Staaten sagen sie: urban gardening. Anfangs war's Blumensamenterrorismus, guerilla gardening, heimliches Ausbringen von Samen im städtischen Raum. Jetzt sind aus den Zwangsbegrünern legale Gärtner geworden, die die Brachflächen in den Städten zu Oasen machen und sogar landwirtschaftlich nutzen. In Erfurt gibt es mehrere grüne Aktionisten, die den 90-Grad-Winkel und die schnurgeraden Reihen der Gartenvereinsbeete nicht soo schön finden. Und sie finden das vereinsamte Einsamen nicht soo toll, also laden sie andere Menschen ein, die ganz aus Spaß an der Freude überprüfen wollen, ob ihr Daumen auch grün ist.

Die »Lagune« ist so eine Gärtnergemeinschaft. Kinder lernen auf ganz praktische Weise frühzeitig, dass die Möhre nicht im Supermarkt wächst und die Tomaten etwas Zeit und Pflege brauchen, um zu erröten, und dass die Wiese nicht im Stundentakt akkurat gemäht werden muss. Sie können herumtoben, lernen aber auch, achtsam mit dem Gartengrün umzugehen. Der Kindergarten von um die Ecke »besitzt« in der »Lagune« drei Beete. Es gibt weitere Projekte, außerschulische und nachbarschaftliche.

Die erwachsenen Lagunauten und -innen sind ein bisschen alternativ. Jeder, der ähnlich fühlt, kann mitmachen, mitbuddeln, bei den Gartenfesten mitfeiern, kleinen Konzerten und Lesungen und beim Bee-Day den Imkern lauschen oder im grünen Festsaal seine eigene Fete veranstalten. Nur einen Gast sehen sie auch hier nicht gern: Maulwurf Buddelflink.

Adresse Werner-Uhlworm-Straße, 99085 Erfurt-Krämpfervorstadt | ÖPNV Straßenbahn 2, Haltestelle Hanseplatz, links durch Hallesche Straße | Tipp Schräg gegenüber kann man sich ansehen, wie »blühende Landschaften« (Helmut Kohl) auch entstehen. In der Theo-Neubauer-Straße erobert sich die Natur das Areal des Erfurter Textilgroßhandels zurück.

60_Der Lutherstein

Wo Martin geblitzt wurde

Wer weiß noch, was er oder sie am 2. Juli vor zehn Jahren gemacht hat? Wenn nichts im Lexikon oder im weltweiten Netz steht, dann ist der Promifaktor niedrig. Wenn man aber gar noch weiß, dass ein bestimmter Mensch sich am 2. Juli vor über 500 Jahren furchtgeschüttelt in eine von einem Thüringer Bauern gezogene Ackerfurche warf, dann müssen Mensch und Ereignis von gewisser Wichtigkeit sein. An ebenjenem Tag anno 1505 gewitterte es in der Nähe des Dorfes Stotternheim (bei Wortspielers sagt man Sprachfehlerhausen). Auf dem Fußweg (!) vom Mansfeldischen, wo er seine Eltern besucht hatte, zurück nach Erfurt ereilten den Martin Luther schlagartig und ohrenbetäubend die Wettergewalten, und er betete inbrünstig, die heilige Anna möge ihn verschonen, er wolle auch Mönch werden. So weit die Legende.

Freilich könnte der Jurastudent – man kennt die studentischen Gepflogenheiten, die im Mittelalter sicher noch deftiger als heutzutage waren – auch gebetet haben: Heilige Anna, hilf, ich will ein Mensch werden. Manchmal klafft ja zwischen Student und Mensch ein tiefer Spalt. Nichts Menschliches war Luther fremd, aber nach der Blitzattacke kam doch der Karriereknick zum Kirchenmann. Vater Luther war not amused.

Die Stelle bei Stotternheim ist nur eine ungefähre, aber auf dem Gedenkstein steht: »geweihte Erde«. Und: »Wendepunkt der Reformation«. Das ist natürlich Quatsch. Hier liege ich, ich kann nicht anders? An 95 Thesen, Reform und Volksaufruhr dachte am 2. Juli 1505 noch niemand. Luther war jahrelang ein ungeliebtes Stiefkind der ostdeutschen Geschichtsschreibung. Die Müllberge der Deponie Stotternheim rückten immer näher an den Stein heran. Aber rechtzeitig zur großen Jubiläumsdekade ist der Müll begrünt, Rehe und Schafe grasen, Rotmilane kreisen, Bienen summen, und zum nächsten Open-Air-Spektakel wird sicher wieder eine Leichtbekleidete am Stein lehnend fürs Werbeplakat posieren.

Adresse Luthersteinweg/Stotternheimer Chaussee, 99195 Erfurt-Schwerborn | **ÖPNV** Straßenbahn 5, Haltestelle Grubenstraße, weiter mit Bus 30, 31, Haltestelle Bergfeldstraße | **Anfahrt** aus Erfurt kommend über Stotternheimer Straße, Erfurter Landstraße, Zum Stotternheimer See und Luthersteinweg; Parkplätze in Stein-Nähe | **Tipp** Das Strandbad Stotternheim ist Teil der Erfurter Seenlandschaft. Ausgekieste Baggerseen wurden zu Naherholungsperlen. Weitere(s) in Planung zur Buga 2021.

61 Die Lutherwege

Marschieren mit Martin

Bekanntermaßen ist der Reformator vor und während seiner Reformatorenzeit viel unterwegs gewesen. Oft zu Fuß. Notgedrungenerweise war die damals verbreitetste Fortbewegungsart die per pedes. Gab ja noch nicht mal das Veloziped. Martin ist sogar bis nach Rom gelaufen. Der junge, noch papsttreue, fromme Pilger soll damals, nach eigenen Aussagen, die ersten Ekelpickel wegen des katholischen Schlamassels bekommen haben. Die Pfaffen hätten dort nur Turbomessen gelesen, und das sogar parallel, getrennt nur durch einen Paravent. Angesäuert ist Luther zurück nach Mitteldeutschland getappelt. Man nannte das Pilgerreise. Man nennt es immer noch so. Die nicht so theistisch orientierten Leute sagen dazu: Wandern auf Luthers Spuren.

Nicht gleich nach Rom. Warum denn in die Ferne schweifen, wenn es hierzulande schon genug Ferne gibt, die so nah liegt. Und so findet der Wanderer in Thüringen immer mehr mit einem grünen »L« ausgeschilderte Wege, auf denen er laufen und laufend zu sich selbst finden kann. Die Idee ist einfach: Pilgern von Thüringer Lutherort zu Lutherort. Zu Fuß auf vorgezeichneten Routen unterschiedlicher Länge und Beanspruchungsgrade. Wenn alles vollständig ausgeschildert ist, kann man thüringenweit auf rund 900 Kilometern den Spuren Luthers folgen. In Sachsen-Anhalt, wo die LP-Idee geboren wurde, sind über 400 Kilometer ausgewiesen.

In Erfurt gibt's eine Pilgerreiseessenz, einen kurzen Weg für die Kurzatmigen. Der nennt sich Erfurter Luthermeile. Der Luther-Marathon (heißt noch nicht so – hiermit seien die Namensschutzrechte angemeldet) wird über 335 Kilometer gehen und von Erfurt aus die Städte Weimar, Apolda, Jena, Kahla, Saalfeld, Eisfeld, Paulinzella und Arnstadt verbinden. Zielort wieder Erfurt. Geher halten sich fit im Schritt – vielleicht eine grüne Pilgermuschel angeheftet (Ideenschutz beantragt!) – und entgehen durch das Weg-Gehen dem Stress.

Adresse Alles zu Aktuellem und Zukünftigem auf www.lutherweg-thueringen.de | Tipp Ein kleiner Ausflug Richtung Weimar über Azmannsdorf und Vieselbach nach Niederzimmern. Dort findet man das Schlagloch-Denkmal. Die Schlagloch-Paten-Aktion schaffte es in die Weltpresse.

62 Die Magdalenenkapelle

Das vielfältige Kirchlein

Der Ursprung der Magdalenenkapelle ist legendär. Im »Preußischen Sagenbuch« findet man die Story von der Leinewebertochter Magdalena, die ihr Leben der Muttergottes gewidmet hat. Jungfer Magdalena war eine fleißige Spinnerin. Vom Erlös der Spinnerei nahm sie nur wenig, den Rest spendete sie den Bettlern. Mit Jungs hatte sie nichts am Hut, Magdalenchen füllte ihr Leben mit tugendhaften Taten. Aber dann schlug eine Inflation zu, das Geld reichte kaum noch für die Leineweber. Da betete Lenchen inbrünstig, und siehe da, die heilige Maria stieg höchstpersönlich herab und überreichte ein Zaubersäckchen, in dem drei nie versiegende Goldgulden lagen. Alles war wieder gut. Lene speiste die Armen und Siechen mit Markusbrot. Eine süße Legende. Denn Markusbrot bedeutet *marci panis*, also Marzipan. Magdalena wurde dann Nonne, und die Gulden reichten auch noch für den Bau eines Klosters. Böse Feinde haben irgendwann das Guldentäschchen zerstört, leider. Was könnte man damit heute alles … nein, lieber nicht daran denken.

Wahr ist: 1227 urkundliche Ersterwähnung, eine Friedhofskapelle, 1341 Errichtung des heutigen Baus, nach der Reformation ungenutzt herumstehend, 1542 in Privatbesitz gewechselt, 1666 wieder katholisch geweiht, Ende des 19. Jahrhunderts Umbau. Nach der Wende zunächst Werkstatt eines Restaurators, dann Spielort für das kleine »Theater in der Kapelle«.

Und das Ende der unendlichen Geschichte? Die Magdalenenkapelle wird Erfurts zweites Kolumbarium sein. Wie von *columba*, die Taube, also ein Taubenschlag? Ganz gewiss wird aus diesem niemand mehr ausfliegen, denn seitdem altrömische Grabkammern wegen der Ähnlichkeit auch Taubenschlag heißen, wird das Wort nur noch begräbnistechnisch verwandt. Wie ein Kolumbarium modern aussieht, lässt sich auch in der nahe gelegenen Allerheiligenkirche ansehen. Die Nachfrage ist bei diesen speziellen Örtlichkeiten immer sehr groß.

Adresse Kleine Arche 5, 99084 Erfurt-Altstadt | **ÖPNV** Straßenbahn 3, 4, und 6, Haltestelle Fischmarkt, zu Fuß durch Rathauspassage oder Rumpelgasse | **Tipp** Das Atelier der Kolumbariums-Gestalterin Evelyn Körber befindet sich in Hohenfelden bei Erfurt. Zumindest am »Tag der offenen Ateliers« ist es zu besichtigen.

63 Malz-Wolff

Wie du mir so ich Bier

1864 ging dem Johann Georg Wolff ein Seifensieder auf, sozusagen, denn er war ein Seifensiedemeister. Halbwegs erfolgreich, aber irgendwie nicht ganz zufrieden. Jedoch ging ihm, anders gesagt, das sprichwörtliche Licht auf, er hatte also eine blendende Idee. Eine glänzende Zukunft war es, die ihn da blendete, denn er sah dieselbe im Getreidegroßhandel und sein Portemonnaie voll mit glänzenden Geldstücken. Vater Wolffs Söhne Fritz und Hermann halfen fleißig. Und da der männliche Teil der Bevölkerung bierselig und teils recht versoffen war, pachteten die Wolffs eine kleine Mälzerei.

Weil alles rundlief, ließen sie eine eigene Mälzerei bauen, von der 1880 bereits 120.000 Zentner ausgeliefert wurden. Die Nachfrage nach Erfurter Malz war allerdings so übergroß, dass 1885 in der heutigen Thälmannstraße das nächste große Malzwerk gebaut werden musste. Endlich ausreichend Malz – Gott erhalt's! Zwar stank es bei der Mälzerei ab und an gewaltig, aber das störte damals niemanden, weil niemand dort wohnte.

Bei den Erfurtern hießen die großen Backsteingebäude immer nur Malzwolff, auch als sie VEB Erfurter Malzwerke hießen und der Schlendrian die Stadtspatzen fett werden ließ. Die hatten sich da eingenistet, wo fast ununterbrochen die Getreidekörner aus den Lieferwagen rannen.

Die erste Mälzerei ist mittlerweile genauso verschwunden wie ihre schöne Adresse: Am Kochlöffel heißt inzwischen schnöde Am Johannestor. Die zweite Fabrik, die die Wolffs um 1940 zu den bedeutendsten Malzproduzenten Deutschlands gemacht hatte, gibt es noch. Sie überstand Verstaatlichung und Reprivatisierung, erst im Jahr 2000 wurde sie geschlossen.

Die Fabrikgebäude, die fast ein Straßengeviert einnehmen, sind heute Kulturdenkmal, ein bedeutendes Ensemble der Industriearchitektur. Will nur keiner haben. Und Bier wird ja in Erfurt eh nicht mehr gebraut.

Adresse Thälmannstraße, 99085 Erfurt-Krämpfervorstadt | ÖPNV Bus 9, Haltestelle Ruhrstraße | Tipp Die Fleischerei Stern an der Ecke Iderhoffstraße/Rathenaustraße: In der fünften Generation stellt dieser Familienbetrieb Thüringer Fleisch- und Wurstwaren her. Köstlichkeiten seit 1905.

64 Das Männernetzwerk

Ein Freund, ein guter Freund

Ein unscheinbarer Hauseingang wie mehrere hier, aber hinter der Tür Nummer 39 wird am Gegenentwurf zu Frauengruppen und überzogener Eman(n)zipation des weiblichen Geschlechts gebastelt. Dort wohnt ein Männerversteher, ein Kerleflüsterer. Kann man so sagen, muss man nicht. Aber dies ist das Haus, wo die Fäden des ersten »Erfurter Männernetzwerks« zusammenlaufen. Wenn es der Spiritus Rector aufmalt, hat es schon etwas von einem Spinnennetz. Auf den Fäden steht zum Beispiel: »Mannsein feiern – Männer coachen Männer – Aggressionstraining«. Und ein dicker Pfeil zeigt freilich am Außenkreis nach rechts oben. Um mal Obelix zu zitieren: Die spinnen, die Erfurter!

Nein, tun sie nicht, denn der Mann ist heutzutage Drücken von allen Seiten ausgesetzt und bräuchte vor allem eines – einfach mal 'ne Auszeit. Einen Freiraum, wo er nicht andauernd seinen Mann stehen muss, wo er auch mal rumsitzen und reden kann. Und nicht nur über die F-Themen. Ist ja langweilig. Der Netzwerker meint, viele Männer würden sich nach Freundschaften sehnen, nach anderen Männern, die sie verstehen, ernst nehmen, mit denen sie gemeinsam lachen können. Freunde eben. Keine Therapiegruppe, sondern ein loser Bund Gleichgeschlechtlicher, die nicht der Gleichgeschlechtlichkeit frönen.

Ein wenig Selbstsuche, reden über Stärken und Schwächen, darüber nachdenken, welche Projekte sie, die Männer, zukünftig oder gleich heute mit vereinten Kräften in Gemeinschaft anschieben können: Radtouren, Filmabende, Wanderungen, Koch- und Spieleabende und was den Mitmannen noch so einfällt. Das Netzwerk wächst.

Auf der Website des Mannes-Freundes steht ein Spruch der Uraustralier: »Wenn du schnell vorwärtskommen willst, geh alleine, wenn du weit kommen willst, geh mit Freunden.« Vielleicht gehen sie ja mal um die Ecke in die Robert-Koch-Straße und stellen ein Foto ihrer Wahl in die Nische – siehe Bild rechts.

Adresse Am Stadtpark 39, 99096 Erfurt-Löbervorstadt | **ÖPNV** Straßenbahn 3 und 4, Haltestelle Robert-Koch-Straße | **Tipp** Stadtpark nutzen, solange es den noch gibt: ein Stück Stadtgrün mit vielfältiger Geschichte und nicht umgesetzten Plänen. Aber meiden Sie die baufällige Treppe.

65 Marbach

Lachsalven abfeuern

Das Dorf hat Stolz. Auf der ortseigenen Website bezeichnet sich Marbach als Bergdorf. Ein Widerstandsnest, muss man hinzufügen, und ein sehr fröhliches dazu. Zunächst wurde Marbach im Dreißigjährigen Krieg fast ausgelöscht. Häuser, die Kirche, alles lag in Schutt und Asche. Die Einwohner waren vorher nach Erfurt geflohen. Wo die meisten Zuflucht fanden, das heißt heute Marbacher Gasse. Aber nach dem Krieg zogen sie heim und bauten alles wieder auf.

Thüringen ist ja nicht unbedingt als Hochburg der Narren bekannt, in keiner Hinsicht. Und speziell die, die ihre Lebensuhr auf Büttenredeschreiben, Faschingsumzug, Kostümball und geschlossene Sitzung am Aschermittwoch einstellen, die soll es ja nur in Rheinform geben. Weit gefehlt, Thüringen steht auch auf der Tätä-Tätä-Landkarte. Und auf der ist Marbach ein hell und rot leuchtender Punkt! Die Marbacher Lichtgestalten gehören zu den 327 Vereinen in Thüringen, und sie mischen immer vorne mit.

Als ihre größten Erfolge vermelden die Marbacher Narren erstens das Verbot des 1984er Faschingsprogramms und zweitens die Verleihung des Titels »Hervorragendes sozialistisches Volkskunstkollektiv« im Folgejahr. Ein Schelm, wer Arges dabei denkt.

Wie auch immer, die Marbacher sind faschingsverrückt ohne Ende. Die 51. Saison zum Beispiel stand unter dem Motto »Wir lieben Karneval«, und um es noch deutlicher zu sagen, hatte man das »i« in »lieben« ein- beziehungsweise ausgeklammert. In der Tat, die leben erst auf, wenn sie die Kappen überstülpen und in die High Heels fürs Männerballett steigen.

Wie bei jedem ordentlichen Faschingsklub gucken die Herren des Vorstands meistens sehr unkomisch. Ja, man muss den Spaß ernst nehmen, sonst wird's nix. Endgültige Verabschiedungen von Elferratsmitgliedern oder Ministern in den Karnevalistenhimmel finden standesgemäß erst nach Beendigung der Faschingssaison statt. Erfordia, helau!

Adresse Karneval-Club: Schwarzburger Straße 38, 99092 Erfurt-Marbach | **ÖPNV** Bus 90 und 95, Haltestelle Bodenfeldallee | **Anfahrt** B 4, Ausfahrt Marbach | **Tipp** Nicht immer nur dem Funkenmariechen unter den Rock, sondern auch mal über die Blumenfelder Richtung Stadt gucken. Dort gehen Blütenpracht und kommerzieller Gartenbau eine schöne Verbindung ein.

66_Der Märchenwald

Alle Jahre wieder

Es gibt Orte, wenn die nicht mehr da sind, taucht man in Traurigkeit. Nicht so bei diesem Ort, der feiert jedes Jahr fröhliche Auferstehung. Das Wiedergängertum hat nichts mit der unmittelbaren Nähe zu Dom und Severikirche zu tun, nein, es ist die Kunst des Wiederaufbaus von Kunst im öffentlichen Raum. Jeden Winter wird der Märchenwald wieder errichtet. Und er bleibt immer etwas länger stehen als der Weihnachtsmarkt. Letzterer zählt zu Deutschlands schönsten, viele halten ihn für uneinholbar supermegaschön. Und das wäre er sicher nicht ohne den Märchenwald.

Dabei hatte anfangs niemand damit gerechnet, dass dies eine unendliche Geschichte werden würde. Zwei Gebrauchswerber, die später freischaffende Künstler wurden, schufen 1958 die ersten Figuren. Kinderaugen glänzten, Erwachsene applaudierten. Also auf ein Neues mit neuen Figuren im nächsten Jahr. Anfangs war der Domplatz noch ungepflastert, und um einen Wald um die Figuren zu setzen, mussten Zimmerleute für jeden einzelnen Tannenbaum eiserne Verankerungen in den gefrorenen Boden schlagen. 1960 fiel der Weihnachtsmarkt aus: Die Maul- und Klauenseuche grassierte. Schlimm! – Kein Märchenwald. Jedes Jahr gestaltete das Künstlerpaar neue Märchenfiguren und Szenerien, immer fehlte Geld oder Material. Die Stadt dachte mehr als einmal an Abschied von Rumpelstilzchen & Co. Aber damals hatte die sozialistisch vereinheitlichte Partei ein gewichtig Wörtchen mitzureden, und die forderte, dass der märchenhafte Familienmagnet bleiben müsse.

Manchmal wurden alle Figuren verkauft, um Geld für das nächste Jahr zu haben, manche Figur wurde gestohlen. Ein Zweimeterbär verschwand mitten im Marktgedränge und wurde ein halbes Jahr später im Bett der Diebesliebsten gefunden. Seitdem die Szenerien in Häusern stehen, kann man sich jedes Jahr seine Lieblingsfiguren wieder ansehen. Heutzutage heißt das Kult. Und im Sommer ist alles sicher versteckt.

Adresse Erfurter Weihnachtsmarkt auf dem Domplatz, 99084 Erfurt-Altstadt | **ÖPNV** Straßenbahn 3, 4 und 6, Haltestelle Domplatz | **Tipp** »Florales zur Weihnachtszeit« gibt es im Domberg-Felsenkeller. Zu einem vorgegebenen Thema zaubern Blumenbinderinnen aus der Mitte Deutschlands jedes Jahr eine neue Ausstellung.

67 Der Minervabrunnen

Ein Zeichen von Weisheit

Der Platz ist 'ne Wucht. Da ist viel Platz für vieles. Eigentlich war der Domplatz ja nur halb so groß. Aber während der preußischen Belagerung des französisch besetzten Erfurts ließ Armeechef Friedrich von Kleist 1813 in einer Nacht- und Nebelaktion die Stadt blind beschießen. Ein ganzes Stadtviertel fiel in Schutt und Asche. Erstaunlicherweise gab es nur zwei Tote zu beklagen. Die Zerstörungen waren so gründlich, dass man kaum an Wiederaufbau dachte. Die auf diese Weise verdoppelte Fläche des Großen Markts wurde nun ein schönes großes Exerzierareal. Und man weiß ja, wie gern die Preußen das Exerzieren übten. Die Erfurter gewöhnten sich an den großen Platz und füllten ihn immer wieder mit Jahrmarktstrubel und Händlergeschrei rund um den Obelisken, den Mainzer Pfahl im Erfurter Fleische.

Seit 1784 steht vor dem Dom eine barocke Minerva auf mannshohem Sockel. Wasser plätschert. Es ist der letzte öffentliche Trinkwasserbrunnen von einst über 50. Und warum Minerva, Tochter des Jupiter, auch als Athene, Tochter des Zeus, bekannt? Minerva ist die Göttin der Weisheit, Schutzfrau von Wissenschaft und kulturellem Fortschritt. So eine hatte Erfurt damals bitter nötig, denn die einst stolze Universität lag in den vorletzten Zügen. Aber Minerva ist auch Schutzgöttin der Handwerker, Gärtner, Ärzte und der Kunst, einschließlich Kriegskunst. Außerdem Erfinderin von Musikinstrumenten und Geburtshelferin der Poesie. Ganz unpoetisch könnte man werden, wenn man weiß, dass es seit den 20er Jahren immer wieder Bestrebungen gab, den Domplatz auf seinen Ursprung zu verkleinern. Es gab Pläne für ein riesiges Kulturzentrum und ein überdimensionales Thälmann-Denkmal. Weiserweise haben sich viele Erfurter protestierend auf den Domplatz gestellt. War es der Einfluss der Minerva? Die Umbauträume jedenfalls lösten sich beim jähen Erwachen in Wohlgefallen auf, genauso wie die Traumpfade zum Kommunismus.

Adresse Domplatz, 99084 Erfurt-Altstadt | ÖPNV Straßenbahn 3, 4 und 6, Haltestelle Domplatz | Tipp Zum Martini-Fest am 10. November auf dem Domplatz leuchten Tausende Kinder mit ihren Lampions den kalten Abend herzerwärmend aus. Mit Predigt, Musik und Spiel um Mantelteiler Martin.

68 Die Möbisburger Kirche

Fünf »abbe« Köpfe

Dieser Ort hatte Schwierigkeiten, sich für einen Eigennamen zu entscheiden. Darum findet man auf alten Karten und in Archiven Merwartsburg, Meinwartisburg und später Merwersburg, Moerbisburg, Mowinsburg. Ist alles dasselbe. Eine Sage vermeldet, Möbisburg käme von Merwigs Burg. Und der Merwig soll ein ziemlich hohes Thüringer Tier gewesen sein.

Die Kirche des Örtchens heißt St. Dionysius. Das ist hierzulande ungewöhnlich, aber für die weitere Erzählung zielführend, denn der Heiligenkult für diesen Herrn D. ist fränkisch. Herr Bischof Dionysius wurde um 250 unserer Zeit auf einem Pariser Hügel enthauptet, weil er behauptet hatte, er hinge mehr an seinem Glauben als an seinem Kopf. Mit dem Kopf unterm Arm sei er dann fröhlich in sein Grab gestiefelt. Die Performänns war so überzeugend, dass sein Grab zur Wallfahrtsstätte wurde. Schönes Frankenmärchen?!

Die Franken haben 531 das Thüringer Königreich überrannt und unseren König Herminafred besiegt – schluchz! Jedenfalls war's für immer vorbei mit dem Königreich. Und auch mit dem reichen König. Sagenhaft sind die Schätze, die möglicherweiseunterumständen vergraben wurden – man sucht immer noch.

Auch in der Möbisburger Gegend suchten sie, die Franken und die Thüringer. Der Sage nach hätten Schatzgräber eine atemberaubende Entdeckung gemacht, nämlich eine ganze Kutsche aus purem Gold. Irgendwie war bei der Auffindung des Schatzes der Leibhaftige mit im Spiel gewesen: Luzifer, dessen Augen satanisch geglüht haben sollen (sicher vor diebischer Vorfreude), als er die vierköpfige Findergruppe verpflichtete, niemandem von dem Fund zu erzählen. Tja, die Findemänner waren so blöd und flüsterten stolz ihren Gattinnen vom Sucherfolg. Umgehend drehte der Gehörnte mit dem Bocksfuß allen vier Männern die Köpfe ab. Hoppla! Die vier Köpfe an der Kirche St. Dionysius sollen Abbilder der Sch(w)atzsucher von damals sein.

Adresse Auf der Burg, 99094 Erfurt-Möbisburg-Rhoda | **ÖPNV** Bus 60, Haltestelle Möbisburg Schule | **Anfahrt** über Arnstädter Chaussee, Hubertusstraße, Rhodaer Straße, Mühlgarten und Berggartenstraße | **Tipp** Besuchen Sie die »Möbisburger Töpfermühle«: großes Keramikangebot, Spezielles auch auf Kundenwunsch, mit Galerie, offener Werkstatt und moderner Ferienwohnung im mittelalterlichen Fachwerkhaus.

69 Das Mühlen-Café

Es klappern die Kaffeelöffel

An der Schlösserbrücke steht eine modernistische Bratwurstbude. Dieser Kubus hat so gar nichts von Thüringer Gemütlichkeit. Von der Bratwurstbuden-Flussseite aus schaut man auf die gegenüberliegende. Dort sitzen auf einer Terrasse Kaffeetanten und -onkels und Juicejunkies und Mixgetränkemädels, gemütlich ihre jeweils gewählten Flüssigkeiten schlürfend. Selbst Erfurter fragen sich oft, wie die dorthin gekommen sind. Durch die intime Kenntnis von Schleichwegen? Und wenn er hört, wie, traut sich Otto Normalerfurter oft nicht hin, weil der Weg auf die Café-Terrasse ein Stück durch das »Museum Neue Mühle« führt.

Das Mühlencafé mit der schönen Terrasse heißt »Kaffeemühle«. Es kostet keinen Museumseintritt, wenn man ins Café will. Man kann aber immer einen musealen Umweg machen. Dann beschaut man sich das Innenleben der – neben der Heiligen Mühle im Stadtnorden (siehe Seite 90) – letzten funktionstüchtigen Wassermühle Erfurts. Neue Mühle heißt sie, weil die alte 1736 abgebrannt ist und ein paar Meter weiter flussabwärts eine neue errichtet wurde. Mahle, Mühle, mahle. Die Neue Mühle schaffte es, in 24 Stunden sechs Tonnen Getreide zu Mehl zu mahlen. Und das tat sie unermüdlich bis 1982.

Heute läuft das Wasserrad zur Schau und zur Stromerzeugung. Die Mühle ist ein elektrischer Selbstversorger und gibt auch Strom ans Netz ab. Abends sitzt man dann, wahrscheinlich überkapazitiv beleuchtet, auf der Terrasse. Das Museum ist schon zu, aber in der »Kaffeemühle« wird noch Kaffee gemahlen und so manches Mixgetränk gemixt. Gemütlich sitzend und Getränke schlürfend, kann man auf der Terrasse lümmeln, den Enten zuschauen, wie sie fast in Zeitlupe vorbeigleiten. Und wenn man ganz hinten sitzt, kann man manchmal den Fliegenfischern im Breitstrom zusehen. Das ist nämlich ein klarer Vorteil der Wende: Das Wasser der Gera und der Geraarme ist wieder klar. Es gibt Fisch.

Adresse Schlösserstraße 25a, 99084 Erfurt-Altstadt | **ÖPNV** alle Stadtbahnlinien, Haltestelle Anger, zu Fuß durch die Schlösserstraße | **Öffnungszeiten** Café: Di–So 11–22 Uhr, Museum: 10–17 Uhr | **Tipp** Der Garten der Predigerkirche, Eingang gleich nebenan, ist ein weiterer grüner innerstädtischer Ruhepunkt.

70_Die Nase

Auf der Nase herumtanzen

Bei »Wer wird Millionär?« konnte ein Kandidat eine hohe Summe gewinnen, wenn er aus den Möglichkeiten Ilmenau, Gotha, Weimar und Gera den Fluss herausfischte, der durch Erfurt fließt. Der Kandidat patzte. Die Gera ist es, die sich in mehreren natürlichen und künstlichen Armen durch Erfurt windet. Das Wasser füllte im Mittelalter die Wallgräben, trieb die Wassermühlen an, diente als Löschmittel bei den nicht seltenen Bränden, floss über den Umweg Bierbrauerei in die Kehlen der Städter und anschließend als wertvolle Stoffwechselendflüssigkeit für die Färberwaidherstellung in Sammelbottiche. Wasser wurde in Badehäusern gebraucht, in den vielen Gärten und in Handwerksbetrieben, ganz vorn dran bei den Gerbern und Färbern.

Es war ein wertvolles Gut. Also musste das Wassermanagement reibungslos und halbwegs gerecht funktionieren. Eines der wichtigsten Teile der mittelalterlichen Wasserwerker war die Nase. Hier wurde das Wasser ge- und zugeteilt. 1291 sagte man »uff deme stogke« zu dieser Einrichtung. Der »Stock«, das waren dicke Holzbohlen, die das Wasser stauten und durch fünf Löcher in die Stadt ließen. Zwei Löcher für den Bergstrom, drei Löcher für die Mittellache, die damals Walkstrom und Hirschlache versorgte. Es war – in für Heutige gewöhnungsbedürftiger Rechtschreibung – festgeschrieben: »man sal alles wasser teile durch den stogk, das sind gewest funff lochere in bolen gesnethen«. Über die Nase spannte sich der »teilboum«, also Teil-Baum – ein wichtiger Beitrag zum innerstädtischen Frieden.

Die Nase erreicht man nur durch die Lossiusstraße. Man kann bis ganz vorn auf die Nasenspitze balancieren. Dann steht man an einem Ort zum Meditieren – außer beim Entenrennen. Das Wasser fließt links und rechts an einem vorbei, man kann die Arme ausbreiten und die Handflächen nach außen halten, dann fühlt man sich fast so wie Moses, als er das Meer teilte.

Adresse Lossiusstraße, 99094 Erfurt-Brühlervorstadt | **ÖPNV** Straßenbahn 6, Haltestelle Steigerstraße, dann Alfred-Hess-Straße | **Tipp** Bis zur Gustav-Freytag-Straße weiterfahren, dann durch Erfurts Villenviertel flanieren.

71 Der Nikolai-Turm

Legenden und Wahrheiten

Erfurt trägt den Beinamen »die Türmereiche«. Und die Kirchtürme selbst sind reich an Überraschungen. Als im Nikolaikirchturm, genauer gesagt in der heutigen Elisabethkapelle, der Putz von der Wand fiel, kam eine Wandmalerei zum Vorschein. Die älteste in Thüringen. Kunsthistoriker sprechen von einem einmaligen Schatz, der ohne Beispiel in anderen Bundesländern ist.

Elisabeth gab es wirklich. Die ungarische Königstochter wurde einst als Vierjährige dem Thüringer Landgrafen als künftige Gattin zugeführt, war sehr fromm und kümmerte sich später mit Geld und guten Worten eigenhändig um Arme und Sieche. Der Landgraf sah die karitatiefen Griffe in sein Eigentum ungern. Jetzt wird's unwirklich, also legendär: Als Elisabeth wieder mal Brot zu den Bedürftigen bringen wollte, fragte er, was im abgedeckten Korb sei, sie log aus Angst und sagte, es seien Rosen. Als der Fürst das Tuch wegriss, waren es wirklich Blumen – geworden. Schön, nicht wahr?! Oder: Ätsch!

Als Elisabeths Gatte starb, ging sie freiwillig als arme Spitalschwester nach Marburg, wo sie, nach exzessiven Selbstgeißelungen und nächtelangen Gebeten, das Zeitliche segnete. Sie wurde nur 24 Jahre alt.

Danach erfolgte die päpstliche Heiligsprechung. Die anschließende Verehrung nahm wirklich extreme Züge an. Der Kopf wurde von der Leiche abgetrennt, der Schädel präpariert und goldgekrönt ausgestellt. Bei Elisabethreliquien war die Nachfrage enorm. Rippen, Armknochen, Schienbeine wurden in alle Welt verstreut.

Die Elisabethkapelle ist heute Andachts- und Museumsraum gleichermaßen. An der spitzbogigen Schildbogenwand Richtung Süden findet sich ein Meisterwerk nicht nur mittelalterlicher Secco-Wandmalerei, sondern vor allem der Restauratorenkunst. Wer sich das ansehen will, muss sich im Augustinerkloster anmelden, sonst steht man vor verschlossener Kapellentür.

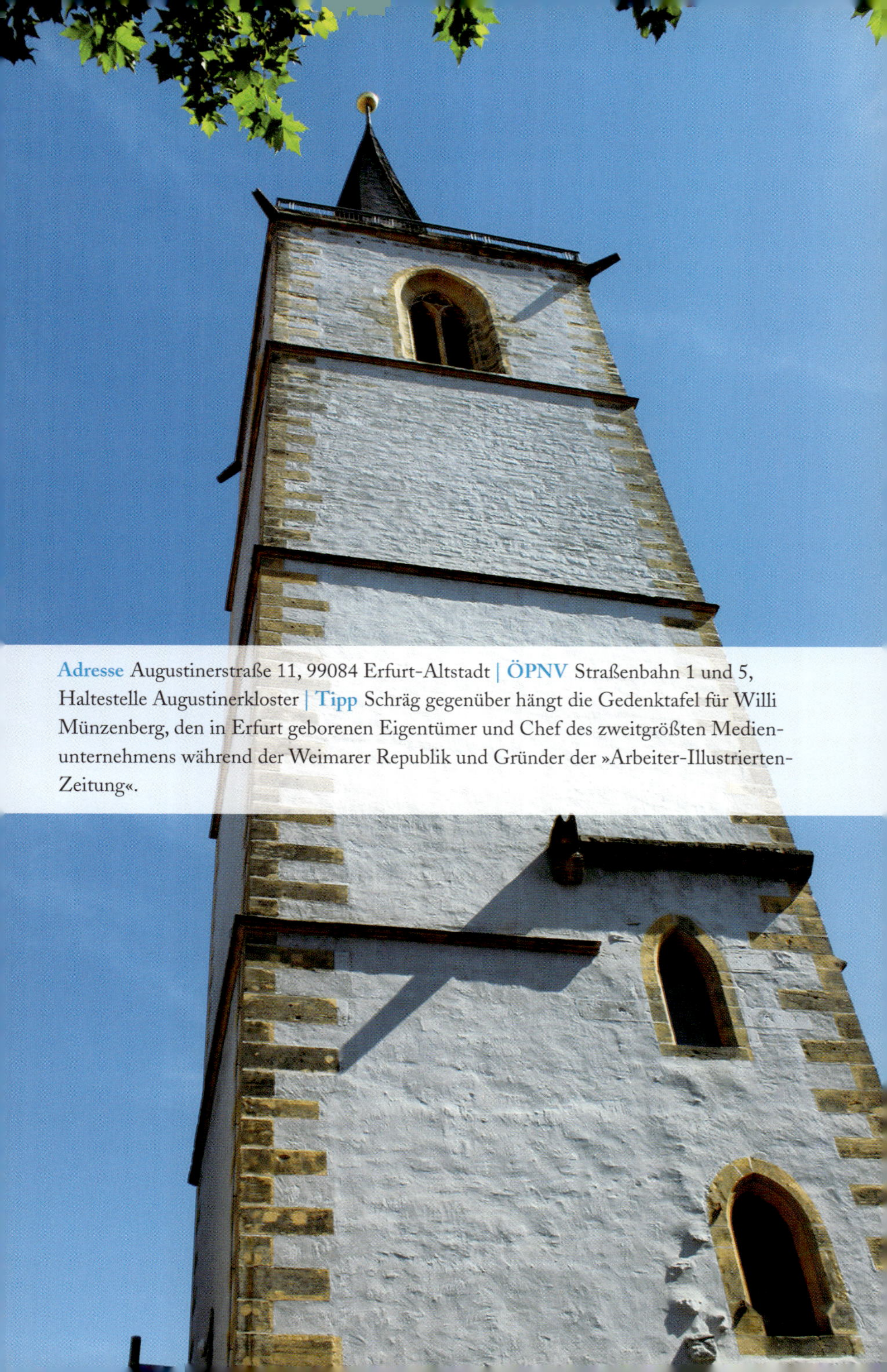

Adresse Augustinerstraße 11, 99084 Erfurt-Altstadt | **ÖPNV** Straßenbahn 1 und 5, Haltestelle Augustinerkloster | **Tipp** Schräg gegenüber hängt die Gedenktafel für Willi Münzenberg, den in Erfurt geborenen Eigentümer und Chef des zweitgrößten Medienunternehmens während der Weimarer Republik und Gründer der »Arbeiter-Illustrierten-Zeitung«.

72_Das Nordbad

Badende Wutbürger

Die Deutschen haben einen ss-Fehler. Mal eszettelt es, mal ess-esselt es. Darum heißt die Straße am Ringelberg Johannes-Klaß-Straße, obwohl der Mann eigentlich Klass hieß. Und er war wirklich Klasse. Ab 1913 beeinflusste der von Expressionismus, Bauhaus und Stuttgarter Schule geprägte Architekt als Oberbaurat das Erfurter Baugeschehen, ein philosophischer und poetischer Kopf, der Klass. Soll auch Gedichte geschrieben haben. Im Gegensatz zu manch modernewütigem Architekten heutzutage war Johannes Klass der Meinung, innerstädtische Neubauten müsse man behutsam in das bereits Bestehende einfügen, sie aber doch durch moderne und originelle Details zeitgenössisch gestalten.

Klass war der Architekt des ersten Nordbades. Arbeiter- und Arbeitslosenvereine hatten schon seit Anfang der 20er Jahre auf so ein Bad gedrängt. Die Bürger konnten einzelne Bausteine kaufen und so ihr Bad mitfinanzieren.

Vor allem das Eingangsgebäude war eine Augenweide. Klass hatte einen zweigeschossigen Bau entworfen, die Umkleideräume mit Bauhaus-Oberlichtern, die Gaststätte zur Badseite hin voll verglast, Funktion und Stil wunderbar vereint. Das Schwimmbecken lag einige Meter tiefer, der Bademeister hatte seine »Experten« immer voll im Blick. Über Lautsprecher rief er sie zur Ordnung. Als 1953 das beheizbare 50-Meter-Sportbecken dazukam, feilten die Trainer hier am Schwimmstil späterer Olympiasieger und Weltmeister. Aber vor allem nutzten bis zu 5.000 Erfurter täglich das Bad.

Das gesamte Nordbad war einzigartig, stand als Kulturdenkmal unter Schutz – und wurde doch abgerissen. Nicht einmal der Protest des Thüringer Denkmalbehördenchefs konnte das verhindern, Widerworte der Bürger schon gar nicht. Und wenn nicht ein Verein als Sammelbecken für die Bürgerwut gegründet worden wäre, gäbe es vielleicht auch kein neues Nordbad, wo sich die erfolgreichen Wutbürger heute abkühlen können.

Adresse Im Nordpark 1, 99089 Erfurt-Andreasvorstadt | **ÖPNV** Straßenbahn 3 und 6, Haltestelle Baumerstraße, dann durch den Nordpark | **Tipp** Kleiner Gang durch den Moritzhof (Michaelisstraße) gefällig? Der wurde nach Entwürfen des Architekten Johannes Klass gebaut: Schöner wohnen inmitten des Handwerkerviertels Andreasvorstadt.

73_Die North-Villa

Verschiedenerlei Nudeln

Die ersten Nudeln wurden vor über 4.000 Jahren in Asien hergestellt. Die Chinesen hatten mal echt die Nase vorn. Per Technologietransfer (Marco Polo) kam die Nudel nach Europa. Aber auch die antiken Griechen, die Etrusker und die Sizilianer dürften die Nudel eigenständig erfunden haben. Fest steht, dass in Erfurt die allererste deutsche Nudelfabrik stand. 1793 begann die Massenproduktion. Das erfreute wenige Jahre später Napoleon, der seine Truppen in Erfurt mal wieder nudeldickesatt bekam.

Ab 1860 ließ Neueigentümer Ferdinand North die Nudelfabrik modernisieren. Er änderte auch die Nudelrezeptur, mengte Eier als Geschmacksverfeinerung in den Teig. Sohn Georg North baute unter dem Markenzeichen der Henne die Fabrik zur größten Mitteldeutschlands aus. Dafür wurde ihm die »Königlich preußische Staatsmedaille« an die Brust gesteckt. Und zur Weltausstellung 1904 im amerikanischen St. Louis wurde die Erfurter Nudel sogar vergoldet. Ein Höhepunkt in der Geschichte des Unternehmens.

Der Firma ging es so gut, dass sie es sich leisten konnte, Sommerurlaub zunächst für die kaufmännischen Angestellten und später auch für die Arbeiter zu gewähren. Langjährige Betriebsangehörige wurden auf einer Ehrentafel verewigt. Wer es bei North zu langer Betriebszugehörigkeit bringen wollte, musste nach dem Spruch des Chefs rabotten, malochen, arbeiten: »Stell dich nit hin und gaff, geh deiner Wege und schaff!« Das beherzigen die heutigen Erfurter Nudeleure immer noch sehr erfolgreich.

Zwischen Vernorthung und Vergoldung der Erfurter Nudel ließen sich Vater und Sohn 1885 neben die Fabrik eine Villa im klassizistischen Stil bauen. Heute (ver)führt einen der internette »Erotikführer für Mitteldeutschland« in genau diese Villa, wo diskreter, vielseitiger Nud(el)isten-Service, Duschspiele und Massagen angeboten werden. Spätestens bei der Prostatamassage grüßt dann die Nudel wieder.

Adresse Stauffenbergallee 5, Zugang über Liebknechtstraße, 99086 Erfurt-Krämpfervorstadt | **ÖPNV** Bus 9, Haltestelle Steinplatz, dann zu Fuß durch die Liebknechtstraße | **Tipp** Das Hanseviertel: Ein ganzes Wohngebiet – kommunaler Wohnungsbau im Geiste des Bauhauses – erstreckt sich zwischen Liebknecht- und Greifswalder Straße. Mittendrin: der Campus der Fachhochschule.

74_Open book

Zellkultur

Nach Hause telefonieren? Kannst du vergessen, E.T.! Diese Zelle ist leitungstechnisch abgenabelt von der Welt. Hebt sich ja auch schon farblich ab von allen anderen übrig gebliebenen Telefonhäuschen. Aber in der Kabine ist Welt versammelt. Da steht auf ein paar Regalbretteretagen Weltliteratur. Alles etwas beengt, aber (Achtung, ein bisschen Erfurtscher Dialekt) »sone un solche« Bücher, ungeordnet, bunt durcheinander. Ist das chaotische Bibliothekswerbung?

Bibliotheken rechnen sich nicht, aber sie zahlen sich aus. Zitat von wem? Goethe ist zitierbar: »Bibliotheken sind ein Kapital, das geräuschlos unberechenbare Zinsen spendet.« So ein Satz müsste automatisch ein- bis zweimal pro Tag über die Computerbildschirme von Börsenspekulanten, Kulturministern und Bürgermeistern flimmern.

Die Bücher, die da in der grünen Box stehen und liegen, sind augenscheinlich von Leuten gebraucht worden, die Bücher brauchen. Leute, die noch diese alte menschliche Kulturtechnik beherrschen. Manche erinnern sich vielleicht: L-e-s-e-n. Wer das kann, ist klar im Vorteil. Lesen gefährdet die Dummheit. Aber Lesen kostet. Die Preise für Bücher sind nicht gerade im freien Fall wie anfangs die Facebook-Aktie. Darum haben sich nachhaltig denkende Leute gedacht: Ein ausgelesenes Buch ist ja nicht leergelesen. Also gib es weiter. Zum Beispiel in einen öffentlichen Bücherschrank. Davon steht schon eine erkleckliche Anzahl in deutschen Städten, auch ein paar in Österreichs Hauptstadt Wien und in der sparsamen Schweiz eins, ein öffentliches Bücherregal. Listenabhängige Statistikfreaks finden eine Übersicht im Internet.

Das »open book« in der Magdeburger Allee ist offen zum Büchertausch. Stell was rein, nimm was mit! Kostet nicht mal Bibliotheksgebühr. In dieser Zelle kann man weite Reisen unternehmen. Phantasien ruft. Der Platz ist zu räumen, wenn der Nächste klopft. Kennt man vom Telefonieren, damals.

Adresse Magdeburger Allee 116, 99086 Erfurt-Ilversgehofen | **ÖPNV** Straßenbahn 1 und 5, Haltestelle Wendenstraße | **Öffnungszeiten** Mo–So 10–18 Uhr | **Tipp** Im Verein »Kontakt in Krisen« (KIK), Magdeburger Allee 114–116, mit Kleiderkammer, Lese- und Hausaufgabenstube, Schuldnerberatung, Mehrgenerationentreff und Redaktion der Obdachlosenzeitung »Brücke« sind engagiert mithelfende Bürger jederzeit willkommen.

75__Das Palmenhaus

Blumenstadts Blumenschmidt

Schmidt ist eigentlich kein Name, sondern eine Sammelbezeichnung. Manche Schmidts schaffen es aber, sich abzuheben. So auch die Erfurter Blumenschmidts. Offiziell hieß die 1823 gegründete Gartenbaufirma J. C. Schmidt. Und der umtriebige Johann Christoph Schmidt hat ein gerüttelt Maß Anteil daran, dass Erfurt den Beinamen Blumenstadt erhielt.

Eigentlich war J. C. wie sein Vater Wachsbossierer, soll heißen, er fertigte possierliche Figuren aus Bienenwachs an. Bienen brauchen Blüten, also baute J. C. Blumen an. Bald liebten J. C. und seine Nachkommen Blumen mehr als Bienen. Und das war auch gut so. Wirtschaftlich erfolgreich. Dahlien waren ihre Spezialität. 1842 hatten sie 360 Sorten im Angebot.

J. C. war hyperaktives Gründungsmitglied des Gartenbauvereins und der »Thüringer Gartenbauzeitung«, organisierte die Urform der Bundesgartenschau und Ausstellungen mit internationaler Beteiligung, war Vorreiter in Sachen Versand von Schnittblumen und führend in Bukett- und Kranzbinderei. Und auch das Bossieren hatte er nicht verlernt und ließ in seiner Firma Wachsblumen herstellen. Sohn Heinrich setzte die Erfolgsgeschichte bis zum Niedergang durch Weltkrieg und Krisen während der Weimarer Republik fort. Höhepunkt war zweifellos das 1888 eröffnete Palmenhaus, ein Blumenausstellungs- und Verkaufspavillon mitten in der Stadt. Wobei Pavillon schon ein bisschen untertrieben ist, denn das ist ein kleiner Glaspalast, ein Erfurter Crystal Palace, viktorianischer Stil, den Geist der großen Weltausstellungen atmend.

Es gab mehrere Versuche, das Palmenhaus wieder seiner architektonischen Eleganz entsprechend zu beleben. Jetzt können bis zu 300 Leute dort an gastronomischen Ereignissen teilnehmen, man kann sich privat oder als Firma einmieten. Übrigens: Von der Leipziger Straße zweigt dort, wo J. C. & Co gärtnerisch zugange waren, eine kleine Seitenstraße ab, die Blumenschmidtstraße.

Adresse Schlösserstraße 10, 99084 Erfurt-Altstadt | ÖPNV alle Straßenbahnlinien, Haltestelle Anger | Tipp Im »Esquina del Tango«, etwas versteckt in der Schlösserstraße 5, kann man argentinisch eng tanzen. Der schöne kleine Saal ist für Feierlichkeiten mietbar.

76 Parkplatz Rudolfstraße

Der zweigesichtige Platz

Fährt man vom Domplatz kommend zwischen den sachlichen Glas-Stahl-Graubeton-Bauten des Justizzentrums und des Bundesarbeitsgerichts hindurch, geht es an der nächsten kleinen Kreuzung geradeaus auf einen Parkplatz. Das heißt, manchmal geht es eben nicht geradeaus, jedenfalls nicht für alle und jeden.

Mehrfach im Jahr muss man mehrere Tage lang nach links oder rechts abbiegen. Es sind die Tage, an denen sich unten auf dem Domplatz das große Riesenrad und die Karussells drehen, die Geisterbahn rattert und die Bratwürste auf den Grills schmurgeln. Manchmal tobt die Menge individuell ein wenig über die Grenzen des Erlaubten hinaus. Dann ist gleich ein Blauer, was früher ein Grüner war, zur Stelle und greift schlichtend oder verhaftend ein. Aber oben am Parkplatz: kein Blauer, und das zu Zeiten, wo es wegen des Rummels unten rundherum noch weniger Parkplätze als sonst schon gibt. Während des Weihnachtsmarktes zum Beispiel meiden Erfurter Autofahrer den domplatznahen Bereich wie der Teufel das Weihwasser.

Apropos: Bevor auf dem Domplatz der Startschuss zum Weihnachtsmarkt ertönt, wird innegehalten – Autoscooter-Andacht. Das ist jetzt vielleicht versimpelt formuliert. Die Schausteller sitzen dann in den Elektroautos wie im Autokino, schauen vor zum Geistlichen, erbitten Gottes Hilfe für gute Geschäfte und lassen sich segnen. Das ist gleichzeitig anrührend und komisch. Wie das Leben eben ist, in seinen besten Momenten. Ein Wermutströpfchen gemischt in den Freudenausbruch, ein Lächeln im Trauerfall.

Und so ein Mischverhältnis demonstriert auch der Parkplatz oben an der Rudolfstraße: Zeigt er sich als abweisende Wagenburg, dann tobt unten auf dem Domplatz die Jahrmarktsfreude, ist er frei befahrbar und die Parkplatzsituation entspannt, geht es unten vor Dom und Severi zumeist ganz unspannend zu. Ist die Schaustellertrutzburg wieder da, freut man sich auf den Rummel da unten.

Adresse Günterstraße/Rudolfstraße, 99092 Erfurt-Brühlervorstadt | **ÖPNV** Straßenbahn 4, Haltestelle Bundesarbeitsgericht | **Tipp** In der Galerie »geWERK«, Rudolfstraße 5, finden rasch wechselnde Ausstellungen statt. Künstlergespräche, Lesungen und anderes – alles wird privat organisiert.

77_Die Peterskirche

Feuer und Flamme

Zwei Brände hat es gegeben, die das Bild der Petersbergbebauung völlig veränderten. Als Erstes fraß der rote Hahn 1080 das Holzkloster auf dem Berg über der Stadt. 1813 brannte es zum zweiten Mal. Preußische Artillerie hatte die französische Besatzung der Zitadelle beschossen. Die zwei Türme der 1147 geweihten Klosterkirche St. Peter und Paul stürzten größtenteils ein, die Kirche, eine romanische Pfeilerbasilika, brannte aus.

Könige und Kaiser waren hier einst zu Gast, hielten Reichstage ab. 1107 kroch Bayernfürst Heinrich der Löwe vor Kaiser Barbarossa zu Kreuze. Die Rutscherei dürfte die Beinkleider gekostet haben, rettete aber das Leben des Löwen. Zwischen 1665 und 1702 wurden Peterskloster und Kirche ringsum von den Wehrmauern der Zitadelle eingeschlossen. In der Garnisonskirche St. Peter und Paul betete man in den Sprachen der jeweiligen Besatzer. Die siegreichen Preußen rissen nach dem zweiten Großfeuer die Reste der Türme und die Klostergebäude rundherum ab. Die Peterskirche wurde ein Militärmagazin, innen durch eine Holzkonstruktion neu in drei Etagen unterteilt. Schmähliches Ende einer fast 700-jährigen glänzenden Geschichte.

Derzeit dient das Gebäude als Schau-Platz für das »Forum Konkrete Kunst«. Der Saal im ersten Stock wird manchmal für Immatrikulationsfeiern genutzt, Firmen mieten sich ein, um an ungewöhnlichem Ort bei gutem Essen sich selbst oder ihre Kunden hochleben zu lassen, Kunsthandwerkermärkte finden statt. Einmal bot der Saal Platz für die größte Willi-Sitte-Nachwendeausstellung, »Eros und Vision«, nicht denkbar ohne privaten Einsatz von Erfurter Bürgern. Aber magisch ist dieser Saal erst, wenn er leer ist. Wenn sich der Schall in Leere und Größe verläuft. Die Begehrlichkeiten dieses Gebäude betreffend sind ambitioniert, hier soll ein Geschichtsort entstehen, Thüringen präsentiert werden. Schnell noch in den ersten Stock, wenn's geht.

Adresse Petersberg, 99084 Erfurt-Altstadt | **ÖPNV** Straßenbahn 3, 4 und 6, Haltestelle Domplatz, Fußweg zur Zitadelle | **Anfahrt** Zufahrt über Biereyestraße, Parkplätze auf dem Berg | **Tipp** Mit Funzelbeleuchtung durch die Minengänge der Zitadelle. Führungen kann man in der Erfurt-Information, Benediktsplatz, bestellen.

78 Pilse 22

Die vergessene Zäunemann

Städte sind im Wandel. Nur der Wechsel ist von Dauer, sagte Erich Kästner. Obwohl Erfurts Altstadt die Jahrhunderte relativ unbeschadet überstanden hat, so fehlen doch manch steinerne Zeitzeugen. Neu bebaut wurde vor einigen Jahren die Brache Pilse 20–25. Vorher durften noch die Archäologen ran. Die fanden unter anderem einen 6.500 Jahre alten Jagdplatz und einen Haus-Eckbrunnen, eine Thüringer Einmaligkeit. Weg ist weg.

Schon viel eher verschwunden ist das Geburtshaus von Hedwig Sidonia Zäunemann. Das 1711 in der Pilse 22 geborene vierte Kind eines Advokaten war wissbegierig, brachte sich selbst Französisch und Latein bei und interessierte sich mehr für Philosophie, Geschichte und Poesie als für Kinder, Küche und Kirche. Sie war eine verfrühte Alice Schwarzer, reiste entgegen allen Konventionen allein zu Pferde durch Thüringen, in Männerkleidern.

Und die Zäunemann war Dichterin, bekam als zweite Frau überhaupt den Titel »Poeta laureata«, kaiserlich gekrönte Dichterin, von der Göttinger Universität verliehen. Poetisch-emanzipatorische Kostprobe gefällig?

»Ihr Männer bildet euch nicht ein, / Als ob Vernunft, Verstand, Gelehrsamkeit und aufgeklärter Sinn / Solt euer Eigenthum und Erbrecht seyn. / Nein! Warlich, der das Firmament gesetzt, / der hat das Frauen-Volk nicht minder hoch geschätzt: / Und ihnen auch Verstand und Witz verliehen. / Es soll wie ihr, der hohen Geistes Gaben / Auch im Besitze haben. / Drum muss ihr Lorber-Zweig, so wie der eure blühen. / Zörnet, tobet, lästert, neidet immerhin, / Ihr werdet es doch nicht hindern können, / Ihr solt und müsst denselben doch die Ehre gönnen!«

Die Zäunemann stieg als erste Frau ins Ilmenauer Bergwerk, verarbeitete das freilich auch poetisch. Anfang Dezember 1740 ertrank sie bei dem Versuch, die Hochwasser führende Wilde Gera reitend zu durchqueren, in der Nähe von Plaue.

Adresse Pilse 22, 99084 Erfurt-Altstadt | ÖPNV alle Straßenbahnlinien, Haltestelle Anger, in die Schlösserstraße, dann gleich rechts | Tipp Einen Zäunemann-Gedenkstein gibt es auf dem Friedhof in Plaue bei Arnstadt, von Erfurt über die A 71, Abfahrt Arnstadt-Süd, erreichbar.

79 Die Radrennbahn Andreasried

Die letzten Steher

Ohne Kreis kein Preis. Zugegeben, der Kreis ist ein Oval, aber die da mit Fleiß ihre Runden drehen, sind die Matadore einer aussterbenden Radsportdisziplin. Vorne knattert's, hinten keucht's. Steherrennen im Andreasried.

Begonnen hat die Radrennerei dort 1885 auf Sand. 1899 konnte schon auf Zement gerennradelt werden. Die Renndisziplinen waren noch sehr vielfältig, und nicht immer setzte sich der Leistungsgedanke gegen den Unterhaltungswert durch. Wenn es gar hieß »Sattelt die Pferde und die Velozipeds!«, also Radfahrer gegen Pferd mit Reiter antrat, war das unterhaltungssüchtige Volk beim Abfeiern nicht zu bremsen. Radrennen mit allem Drum und Dran waren Feste für die ganze Familie. Im Laufe der Jahrzehnte verloren die Steherrennen an Bedeutung, sie verschwanden aus dem olympischen Programm, aber in Erfurt stand man zu dieser Tradition. Nur kam die Radrennbahn in die Jahre und bröckelte vor sich hin. Sie diente mehrfach noch als Etappenziel der Internationalen Thüringen-Rundfahrt und beim Radklassiker »Rund um die Hainleite«. Schrittmacher und Tempojäger, Steher und Sprinter sah man allerdings immer seltener. Anfang der 70er Jahre wieder ein Umbau, auf das damals international übliche Schnapszahl-Maß 333,33 Meter. Dann wurde die Bahn zur Talenteschmiede des SC Turbine Erfurt. Hier trainierte Detlef Macha, mehrfacher Sieger bei Einer- und Mannschaftsverfolgungs-Weltmeisterschaften. Später drehten Daniel Becke, Ulrike Weichelt, René Wolff und Matthias John ihre Trainingsrunden auf der schiefen Bahn.

Wer heute zu Rennen geht, gehe mit stolzgeschwellter Brust, denn man geht auf die älteste noch genutzte Radrennbahn der Welt, gerettet durch eine Schrottsammelspendenaktion. Nun keuchen die Steher wieder hinter den Schrittmachern.

Adresse Riethstraße 29, 99089 Erfurt-Rieth | **ÖPNV** Straßenbahn 3 und 6, Haltestelle Riethstraße | **Tipp** Pro Jahr gibt es zumeist drei große Steherwettkämpfe. Der dritte wird als Nachtrennen ausgetragen. Sehr atmosphärische Veranstaltung.

80_Der Rathausfestsaal

Von Axthieb bis Zerstörungswut

So viel Geschichte in dieser Stadt und diesem Buch. Zu viel? Jetzt auch noch der Rathausfestsaal. Holzgetäfelt, reiche Schnitzereien, die Namen früherer Ratsherren und Bürgermeister eingefräst. Und rundherum in einer Höhe, zu der man aufblicken muss, Riesengemälde mit Szenen aus der Stadtgeschichte. Gut abgehangene Historienschinken?

Mal langsam. Jetzt kommt ein Schnellkurs. Surfin' history. Start 742: Ein Mönchlein namens Bonifatius hackt eigenhändig (lachhaft) die heilige Eiche ab, und die Einheimischen laufen zur Christenheit über. 1212: Kinderkreuzzug (endete extrem unromantischer als auf dem Bild), flankiert von der heiligen Rosen-Elli und einem der vielen Martins, deren Urvater einem Bettler einen halben (!) Mantel gab. 1181: Heinrich der Löwe unterwirft sich Kaiser Barbarossa (wenn's nützt). 1290: Ausräucherung der Raubritter (Wirtschaftsschädlinge). 1379: Erfurt darf Unistadt werden. 1509: Das tolle Jahr (war nicht für jeden toll). 1664: Erfurter im Staub unter den Hufen der Mainzer (Wessis!). 1803: Neue Chefs (Preußen). 1814: Zerstörung des Napoleon-Obelisken (Abschied vom geeinten Europa, weil die Franzosen und nicht wir Deutschen die Bestimmer waren).

Na, war's so schwer? Das kann man sich auch alles in aller Ruhe anschauen. Bei einem Rathaus-Konzert oder einer Lesung, bei Empfängen, langweiligen Vorträgen oder der eigenen Hochzeit.

Manchmal juckt's einen, auf den kleinen Balkon des Rathausfestsaales zu treten und eine Ansprache ans Volk zu richten. Oder man guckt einfach rüber zur Rolandstatue, die gar kein Roland ist, weil Erfurt nie eine freie Reichsstadt war, was zum Roland berechtigt hätte. Links und rechts vom Balkönchen geht der Blick ins Leere. Die war bis zum 4. Juli 1945 gefüllt von fast drei Meter hohen Statuen der Kaiser Barbarossa und Wilhelm Eins. Diese kriegslüsternen Herren zerschellten im Frieden.

Adresse Rathaus, Fischmarkt, 99084 Erfurt-Altstadt | **ÖPNV** Straßenbahn 3, 4 und 6, Haltestelle Fischmarkt | **Öffnungszeiten** erfragen, da veranstaltungsabhängig (Tel. 0361/6550) | **Tipp** In der »Kunsthalle Erfurt« gegenüber (viele Erfurter sagen »Im roten Ochsen«) wird moderne Kunst ausgestellt. Manchmal gewöhnungsbedürftig, aber immer interessant.

81 Das Reichardt-Haus

Die eisengarnige Lady

Es war nicht der sprichwörtliche rote Faden, der sich durch ihr Leben zog. Es waren verschiedenfarbige Fäden, ein Leben lang. Margaretha Reichardt war Textilgestalterin. Weberin, Designerin.

Die Fadenfrau war eine Puffbohne, 1907 in Erfurt geboren. Mit 14 ging sie auf die Erfurter Kunstgewerbeschule, ab 1926 ans Bauhaus Dessau. Fünf Jahre später erhielt sie das Bauhausdiplom Nummer 54. Ihre erste Handweberei richtete sie in Erfurt ein, die zweite 1939 in Bischleben-Stedten. Dort arbeitete sie bis zu ihrem Tod 1984.

Schon als Studentin hat Margaretha Reichardt Bleibendes geschaffen. Noch heute werden ein Hampelmann und Steckfiguren nachgefertigt, die sie im Bauhaus-Vorkurs bei Josef Albers entworfen und erstgefertigt hat. Dafür muss man aktuell schon mal zwischen 200 und 300 Euro hinblättern. Sie hatte Unterricht bei Kandinsky, Klee, Muche, Schlemmer und Moholy-Nagy. Ohne die Studentin Reichardt hätte Marcel Breuer nie seine Stahlrohrstühle mit den entsprechend modernen Eisengarngurten bespannen können. Sie trug wesentlich zur Entwicklung dieses innovativen »Bespannstoffes« bei. Tapetenmuster hat sie gezeichnet, vor allem aber Stoffe. Weil sich die Textilfabrikanten nicht an die Stoffherstellung nach Reichardts Entwürfen heranwagten, webte sie die Stoffe in ihrer Werkstatt selbst. Die Kunden rissen ihr die Ware geradezu aus der Hand. Ab 1937 bekam sie regelmäßig Designpreise und Ehrenurkunden für ihre Entwürfe, die erste Auszeichnung in Paris.

Die Werkstatt in Bischleben ist ein technisches Denkmal, an den Originalhandwebstühlen wird heute noch gewebt. Dort hat die Reichardt über 50 Weberinnen und Weber ausgebildet. Parallel webte sie eine Vielzahl hochgelobter Gobelins, Wand- und Bodenteppiche. Der mehrteilige Gobelin »Das Faustische im Menschen« zum Beispiel hing im Deutschen Nationaltheater Weimar, bis ein Nachwende-Intendant alles ungerührt entfernen ließ.

Adresse Am Kirchberg 32, 99094 Erfurt-Bischleben-Stedten | **ÖPNV** Bus 51, Haltestelle Am Kirchberg | **Anfahrt** über Cyriakstraße, Winzerstraße, Wagdstraße, Bischlebener Straße und Geratalstraße | **Tipp** Wer sehen will, wie so ein Webstuhl funktioniert und wie Margaretha Reichardt wohnte, muss sich anmelden, nicht zu kurzfristig (Tel. 0361/7968726).

82 Das Reichart-Denkmal

Von einem, der alles veränderte

Entlang des Flutgrabens ziehen sich »die Anlagen«, ein Grüngürtel, leider nicht mehr um das gesamte Stadtgebiet. Aber hinterm Hauptbahnhof am Löberwallgraben beginnt ein Wanderweg – auch gut begeh- und befahrbar für Gehbehinderte und Rollstuhlfahrer –, der sich bis zum Luisenpark und weiter zum Botanisch-Dendrologischen Garten erstreckt. Gleich nachdem man, ungefähr auf der Hälfte des Weges, die Pförtchenbrücke passiert hat, kommt man an einem Denkmal vorbei. Der Herr auf dem Sockel ist der Vater des Erfurter Gartenbaus, der 1685 in Erfurt geborene Christian Reichart, eigentlich Jurist, als Gärtner ein Quereinsteiger oder besser gesagt ein familiärer Wieder-Einsteiger. Denn die Familie betrieb erfolgreich, also Reichtum anhäufelnd, Acker- und Gartenbau, bezahlte sein Studium. Aber dann starben die Alten, und der auch nicht mehr so junge Junge übernahm die landwirtschaftlichen Familien-Immobilien.

Reicharts kranker Stiefvater war ein Quell agronomischen Wissens. Reichart löcherte ihn mit Fragen, schrieb alles auf und machte daraus, clever wie er war, ein kleines Lehrbuch. Als auch der Stiefvater starb, begann Reichart mit Freilandversuchen, die er wissenschaftlich protokollierte. Gärtner kennen Reicharts Erfindungen, zum Beispiel die Einradhacke und die Stachelwalze.

Mit Reichart wurde Erfurt ein Zentrum des Gemüseanbaus. Wo vorher vor allem Obst, Wein und Kräuter kultiviert wurden, wuchs nun Gemüse vielerlei Art. Nicht nur Erfurt, die gesamte Region konnte versorgt werden. Reichart gewöhnte den zypriotische Wärme gewohnten Blumenkohl ans etwas kühlere Thüringer-Becken-Klima. Eine Großtat mit großen Erträgen. In ganz Deutschland aß man Blumenkohl aus Erfurt. Auch die Erfurter Brunnenkresseklingen waren Reicharts Idee. Und er zeigte, dass man mit Samenzucht und Samenhandel viel Geld verdienen kann, ein Geschäftsmodell, was mehrere Erfurter Firmen erfolgreich kopierten.

Adresse nahe der Pförtchenbrücke, 99096 Erfurt-Brühlervorstadt | **ÖPNV** Straßenbahn 6, Haltestelle Hochheimer Straße | **Tipp** Zweimal um die Ecke: Das ehemalige Kartäuserkloster in der gleichnamigen Straße – umgebaut zu einer modernen Wohnanlage – ist nicht nur für Architekten ein interessantes Objekt.

83 Der Riechheimer Berg

Erfurter Exporte und Experten

Gehört der Riechheimer eigentlich zur Stadt? Den Erfurtern ist das egal, vor allem den Männern zu Himmelfahrt. Die Gaststätte auf dem 513 Meter hohen Riechheimer Berg gehörte schon immer zu den Zielen maskuliner Landpartien. Genauer: seit 1895. In diesem Jahr wurde nämlich ein typisch mittelthüringisches Bauernhaus – ein Jahr vorher ein Anziehungspunkt auf der in Erfurt veranstalteten »Thüringischen Gewerbe- und Industrieausstellung« – auf den Berg versetzt. Die Ausstellung fand übrigens da statt, wo heute der Erfurter Stadtpark liegt. Die ortsansässigen Unternehmer ließen sich die Schau einiges kosten. Eine der Attraktionen war ebenjenes Thüringer Bauernhaus, das nach Ausstellungsschluss auf den Riechheimer gekarrt und dort wieder aufgebaut wurde. Sozusagen die Keimzelle der Berggaststätte. Insofern ist dort Erfurt.

Das Wasser des Krummbachs vom Osthang des Riechheimers füllt den Stausee Hohenfelden, eine von Erfurts Freiluftbadewannen. Und die Politik wurde auch von Erfurtern auf den Berg geschleppt. Gern trafen sich hier die deutschnationalen Experten. Der sehr patriotische Thüringerwaldverein bezahlte 1907 das Denkmal für den »eisernen Kanzler« Otto von Bismarck auf dem Riechheimer. Andere Kanzler-Fanklubs berappten gern die Kosten für die Bismarckstatue am Erfurter Anger und den Bismarckturm im Steigerwald.

Das Bismarck-Fanwesen erstarb, freiwillig wie unfreiwillig, schlagartig mit dem Verschwinden des Nazi-Staates. Und genauso schlagartig verschwand das große Medaillon mit dem Bismarckporträt vom Riechheimer-Denkmal. Der Wirt der Berggaststätte versteckte das Patriotenidol vorsichtshalber im Keller, wo es in Vergessenheit geriet. 1995 feierte die Gaststätte 100. Geburtstag. Anscheinend beim Großreinemachen tauchte Bismarck wieder auf und wanderte an seinen Mittelplatz in der Denkmalsmauer zurück, gleich gegenüber dem Funkturm, dessen Anblick so gar nicht dazu passt.

Adresse Riechheimer Berg 46, 99334 Riechheim / Elleben | **Anfahrt** A 4, Abfahrt Erfurt-Ost, dann über Klettbach und Hohenfelden | **Öffnungszeiten** Gaststätte: Sa – Do 10 – 18 Uhr, länger für Feierlichkeiten | **Tipp** Im »Thüringer Freilichtmuseum Hohenfelden« findet man open air eine große Thüringer Haussammlung, darin Zeugnisse bäuerlichen Lebens. Das Museum punktet mit der einzigen Blumentopf-Töpferei aller deutschen Freilichtmuseen.

84__Der Riesenring

Ringlein, Ringlein …

Das Katholische Krankenhaus heißt nach dem in der Moldau ertränkten Juristen und königlichen Beichtvater, dem Prager Brückenheiligen Nepomuk. »Allhier«, also in Erfurt, gründete 1735 ein anonymer guter Mensch eine Stiftung gleichen Namens »zu Trost armer Kranker und hilfloser katholischer Menschen«. Heute werden erfreulicherweise auch anders- und nicht gläubige Patienten behandelt. Erfreulich ist es vor allem für all jene, die ihr Geld mit der Behandlung von Kranken verdienen.

Die Idee der Architekten und der geldgebenden Stiftung war laut Klinikwebsite, ein »sich dem Bürger öffnendes Krankenhaus, das ohne Überwindung einer Hemmschwelle betreten werden kann, und einen ebenfalls allen offenstehenden Klinikpark« auf den Haarberg zu setzen. Diese Idee bescherte einigen Künstlern neue Aufträge. (Den Kranken dürfte das Projekt mehr oder weniger schnuppe sein.) Einer der Innenhöfe ist zum Beispiel den Zehn Geboten gewidmet, die sich auch Unwissenden durch in Quaderform geschnittene Eiben- und Buchsbaumhecken offenbaren. Für die, die es gar nicht begreifen, sind in Granitplatten die Gebote eingemeißelt. Zwölf Spalierobstbäume stehen für die zwölf Apostel.

Großen Widerhall erfährt immer wieder die Skulptur vor dem Eingang des Hauses, an der sich alle Autofahrer mit Ziel Krankenhausparkplatz vorbeischlängeln müssen. Widerhall in Form von Ärger, was und warum das Ding da rumsteht. Ein österreichischer Konzeptkünstler hat den Riesenring erdacht. Die Skulptur heißt einfach nur: Große Kreisform. Das ist bei konkreter Kunst so, die ist so unkonkret, weil sie sich dem Realismus verweigert und lieber der Mathematik hingibt. Der Künstler steht auf universale Konstanten und freut sich, wenn seine Kunst in die Unendlichkeit mündet. Eigentlich fehlt der von Leonardo da Vinci in den Kreis gesetzte Vielarm-Mensch. Ein harmonisch runder Ring vor einem Haus voller Disharmonie menschlichen Leids.

Adresse Haarbergstraße 72, 99097 Erfurt-Melchendorf | ÖPNV Straßenbahn 3, Haltestelle Katholisches Krankenhaus | Tipp Gesund bleiben. Krankenhaus meiden, maximal bis zum Ring gehen.

85 Die Saline

Es war gar keine

Hinten in der Saline. Gartenverein oder Gaststätte, was ist gemeint? Das Salzbergwerk. Ein Bergwerk in Erfurt?

Man muss selbst bei langjährig Einheimischen beteuern, dass das kein Scherz ist. In Erfurt wurde Salz gefördert, und zwar in preußischer Zeit zwischen 1857 und 1916.

Nicht nur in Thüringen war Salz in frühen Zeiten begehrt. Salz wurde mit Gold aufgewogen. Es gab Schlachten um Salz. Eins dieser NaCl-Gemetzel – so berichtete der römische Geschichtsschreiberling Tacitus vom Hörensagen her – sollen Urthüringer gegen westgermanische Stämme gewonnen haben. Das nächste Mal – kurz nach der Wende – ging die Sache andersrum aus.

Der Geologe August Rost schrieb 1840 eine Broschüre, in der er auf mögliche Salzlagerstätten bei Erfurt hinwies. Die Erkundungsbohrwerke bohrten und siehe da: Steinsalz. Gar nicht wenig. Sogar in Etagen. Die unterste war 24 Meter dick, aber die Bergleute mussten dafür erst einmal 370 Meter in die Tiefe. Amtlich angeordnet vom Königlich-Preußischen Salinefiskus, sprengten die Untertagewerker Steinsalz in Brocken, um es dann über zwei Schächte hinauf in die Saline zu befördern, die demzufolge gar keine Saline war. Salinensalz durch Soleverdampfung wurde hier nicht einmal zu zehn Prozent gewonnen. Über 90 Prozent kamen in Klumpen ans Tageslicht und auf den Markt. 1907 feierte das Königliche Salzwerk zu Erfurt 50-jähriges Betriebsjubiläum. Das große, kirchenähnliche Industriegebäude stand über einem Salzdom im Erdinneren. Qualität und Menge des Erfurter Salzes reichten jedoch nicht aus, um das Werk rentabel zu halten. Als auch noch sicherheitstechnische Bedenken dazukamen, beschlossen 1916 die preußischen Beamten, nachdem eine Million Tonnen Salz gefördert worden waren, die Grube zu schließen. Geblieben ist ein imposanter Bau, ein Denkmal, dem man wünscht, dass es eines Tages wie ein Denkmal behandelt wird. Von Weitem ansehen! Vorsicht, Steinschlag!

Adresse Salinenstraße 98, 99085 Erfurt-Ilversgehofen | **ÖPNV** Bus 36, Haltestelle Sommerweg | **Anfahrt** nördliche Querverbindung stadtauswärts, rechts in die Bunsenstraße. Das Gebäude ist dann schon zu sehen. | **Tipp** Wenn es doch mal wieder Sommer werden sollte: Am Nordstrand gibt es einen Badesee mit Wasserskianlage, Tauchschule und FKK-Bereich.

86_Das Schauspielhaus

Ein Trauerspiel

So manche Wende wendet auch etwas zum Schlechteren. Ganz schlecht ist die politische Wende 1989/90 für das Erfurter Schauspielensemble verlaufen. Es wurde aufgelöst. Eine Wende ins Nichts. Ein einzig(un)artiger Vorgang in deutschen Landeshauptstädten. Das Schauspielhaus verblieb als Hülle, als vor sich hin gammelndes Symbol der Kulturlosigkeit. Nicht dass es in Erfurt wenig Kultur und Kunst gäbe, das nicht. Aber die Schließung des Schauspielhauses zog den Schlussstrich unter jahrzehntelanges bürgernahes und gutes Sprechtheater. Erfurt war Ausbildungstheater, Sprungbrett für viele, sogar weltbekannte Mimen.

Gebaut wurde das Schauspielhaus 1897 als Vereinshaus. Nach dem Krieg waren die Erfurter regelrecht gierig nach Unterhaltung mit Inhalt. Man wollte aus dem abendlichen Kulturereignis etwas mitnehmen, nach diesem sinnlosen Zerstörungswahn des Krieges das Leben neu ausrichten. Darum wurde das Vereinshaus »Ressource« zum Theater umgebaut, als zweites Haus der Stadt.

Am 29. August 1949 hob sich erstmals der Vorhang im neuen Schauspielhaus. Man eröffnete mit Goethes »Iphigenie auf Tauris«. Das alte Stadttheater wurde zum Opernhaus mit Ballett und großem sinfonischem Orchester. In beiden Häusern reichten die Plätze oft nicht aus. Als drittes »Haus« wurde die Kleine Bühne eröffnet, Geburtsort der Erfurter Kabaretttradition, ab 1979 bis heute vom Ensemblekabarett »Die Arche« mit Witz, Ironie und tieferer Bedeutung fortgesetzt.

Als die Oper zeitweilig wegen Baumängeln geschlossen werden musste, waren wieder alle Bühnenkünstler im Schauspielhaus vereint. Ein Übergang. 2003 dann der Theaterneubau im Brühl. Witzigerweise wird das angeblich baufällige alte Opernhaus seit Jahren erfolgreich als Varietétheater privat geführt. Für das Schauspielhaus hat sich noch kein risikofreudiger Privatmensch gefunden. Das Haus verfällt. Das Regime haben kulturlose Vandalen übernommen.

Adresse Klostergang, 99084 Erfurt-Altstadt | **ÖPNV** Straßenbahn 2, Haltestelle Lange Brücke oder Brühler Garten | **Tipp** Das CKB – die Café-Kunst-Bar – findet man neben der Schauspielhausruine im Klostergang. Dort gibt's einen Latte macchiato zu guter Grafik und Malerei oder ein Fassbier für den DJ.

87 Schloss Einstein

Blick hinter die Kulissen

Das ist gar kein Schloss, sondern ein Internat mit Schule. Nicht mal ein echtes. Und eigentlich ist es auch nicht eins, sondern besteht aus mehreren Teilen, die sich an verschiedenen Stellen in Erfurt und Arnstadt befinden. Des Rätsels Lösung ist kinderleicht: »Schloss Einstein« heißt eine Serie des Kinderkanals, die seit 2007 in Thüringen gedreht wird. Ständige Drehorte sind die Studios des KiKA im Kindermedienzentrum, das reale Schloss Neideck in Arnstadt und der egapark. Man muss in Erfurt manchmal mit Straßensperrungen rechnen, weil eine neue Folge gedreht wird.

Rund 20 Kinder verkörpern recht unterschiedliche Charaktere, die schnell mal für eine Dreiviertelfernsehstunde in jedes kindlich-jugendliche Problemchaos geschickt werden, das es gibt. Professionelle Schauspieler besetzen die Erwachsenenrollen der weltweit längsten fiktionalen Kinderserie. Und wenn die Klasse nicht voll genug ist oder eine Folge in der Diskothek gedreht wird, auf belebtem Platz oder in der Schulcafeteria spielt, füllen Erfurter Komparsen die Szene auf.

Das Kindermedienzentrum wurde auf ehemaliges IGA-Gelände gebaut. Eine schmale Straße führt am MDR-Gebäude vorbei hinter den Studio- und Redaktionskomplex: die Erich-Kästner-Straße. Eine kleine Verneigung vor einem, der in seinen Büchern Kindern immer auf Augenhöhe begegnete.

Am Ende der Erich-Kästner-Straße ist ein großer Parkplatz, und links, wo die albernde Albert-Zunge leuchtet, das ist der Schulteil von Schloss Einstein. Wenn vor der Tür gedreht wird, auf dem Schulhof sozusagen – denn hier ist ja alles sozusagen –, wird man als Zaungast nicht vertrieben, nur aus dem Blickwinkel der Kamera gebeten. Bei den Dreharbeiten drin im Sozusagen-Internat kann man zwar nicht dabei sein, aber eine Studioführung ist vormittags möglich. Außer am Wochenende und in den Schulferien. Denn die sind nicht »sozusagen«.

Adresse Erich-Kästner-Straße 1, 99094 Erfurt-Hochheim | ÖPNV Straßenbahn 2, Haltestelle MDR/Kinderkanal | Tipp Für Studiobesuche ist eine Anmeldung unbedingt erforderlich, Infos beim MDR oder bei Saxonia-Media; ebenso bei Bewerbungen.

88 Schloss Molsdorf

Freude schöner Gotter-Funken

Sagen wir es lieber gleich: Er war ein Bürgerlicher, ein Emporkömmling. Aber nimmt man das Wort in seiner positiven Bedeutung, stimmt es auch, und es stimmt fröhlicher. Und das war sein Lebensmotto: Es lebe die Freude – Vive la joie!

Der Mann hatte viel Freude, und andere hatten viel Freude mit ihm. Zunächst waren es die Professoren der Hallenser und der Jenaer Universität. Der Mann war wissbegierig. Der sog Wissen geradezu in sich hinein. Weiteres saugte er während einer Kavaliersreise durch Holland, England und Frankreich auf.

Freude vor allem am diplomatischen Geschick des Mannes hatten viele europäische gekrönte Häupter, namentlich die Preußenkönige Friedrich Wilhelm I. und Friedrich II. sowie der russische Zar, der dem Manne das höchste Landeslametta ansteckte, den Alexander-Newski-Orden. 1724 bekam der Bürgerliche ein »von« und durfte sich fortan Gustav Adolf Freiherr von Gotter nennen. Und so mancher Altadelige rümpfte 1729 die gepuderte Nase, als dem Parvenü – als erstem Ex-Bürgerlichen überhaupt – der höchste preußische Orden zuteilwurde, der »Schwarze Adlerorden«. Freude!

Nicht zu vergessen die vielen Damen, denen er Freude schenkte. Der Genpool rund um das Schloss Molsdorf soll stark von dem vitalen Herrn Gotter profitiert haben. Im Schloss – dem »Thüringer Versailles«, schönster Spätbarock mit Lustgarten – hingen 35 Porträts edler und nicht unbekannter Damen, die zeitweilig sehr an Gotter gehangen hatten. Gotter öffnete den Frauen Europas reihenweise die Lippen, aber seine Lippen blieben verschlossen: Der Thüringer Casanova schrieb keine Memoiren.

In seinem Schloss hat man sich den Freudegedanken erhalten. Mittlerweile besitzt das Museum Schloss Molsdorf eine ansehnliche Sammlung erotischer Grafiken. Die Ausstellungen werden vom Publikum mit Freude aufgenommen. PS: Große Freude kommt auf, wenn man sich die freiherrliche Toilette zeigen lässt.

Adresse Schloßplatz 6, 99094 Erfurt-Molsdorf | **ÖPNV** Stadtbus 51, Haltestelle Schloss Molsdorf | **Anfahrt** unter anderem möglich über die A 4, Abfahrt Neudietendorf, Richtung Thörey, Graf-Gotter-Straße | **Öffnungszeiten** Di–So 10–17, im Winter bis 16 Uhr | **Tipp** In der St. Trinitatiskirche zu Molsdorf hängen unter anderem Bilder der Liebermann-Schülerin Hedwig Ruetz und die Schulz-Epitaphe (siehe Seite 28).

89_Das schmalste Haus

Ein Steuersparmodell

Das schmalste Haus Deutschlands ist nur 80 Zentimeter breit. Das ist zwar wahr, fällt aber trotzdem unter die Rubrik Nepper, Schlepper, Bauernfänger. Liebe Bauern, das 80-Zentimeter-Haus steht in Kiel, ist eine Lückenbebauung und – Achtung! – nur hinten so schmal. Vorn nimmt's überreichliche vier Meter und 70 Zentimeter ein. Im thüringischen Eisenach dürfte das wohl wirklich schmalste bewohnte Haus Deutschlands stehen: 2,05 Meter breit. Vorn wie hinten. Lange Jahre ein desolates Ärgernis für die Stadtväter, die es kaufen und abreißen lassen wollten. Der Eigentümer wollte aber nicht verkaufen, verlangte einfach unerklärliche 10.000 Goldmark und renovierte in aller Ruhe. Man muss schon ein wenig aufpassen, um das Eisenacher Haus nicht zu übersehen. Gut sieht's aus. Wie auch das schmalste Haus in Erfurt. Und um das kommt man nicht herum. Alle Stadtführer haben es im Programm.

Wenn man vom Domplatz kommt, steht das schmalste Haus Erfurts in der Marktstraße gleich rechts. Drei bis vier Schritte muss man schon gehen, um es zu passieren. Es misst 3,50 Meter. In Thüringen gibt es noch sieben weitere Schmalhäuser, die weniger messen. In Weimar, Bad Frankenhausen, Arnstadt, Ohrdruf, Sömmerda und Bad Langensalza.

Trotzdem: Platz für große Frauenkleiderschränke gibt's auch im Erfurter Haus nicht. Jeder Stadtführer macht im Innenhof des Waidspeicher-Gevierts halt, weil man da den Mitläufern das schmalste Haus von hinten zeigen und die Leute in großes Erstaunen versetzen kann. Denn erstens sieht es von hinten wirklich sehr schmal aus, wie ein langer weißer Schal zwischen bunten Fachwerkhäusern, und zweitens hängen links und rechts der Eingangstür insgesamt fünf (in Ziffern: 5) Hausbriefkästen. Da grinst der Erfurter, und der Tourist wundert sich. Denn man muss schon zugeben, dass das schmale Haus heute vor allem Treppenhaus ist. Früher war es eine Steuern sparende Wohneinheit.

Adresse Marktstraße 23, 99084 Erfurt-Altstadt | **ÖPNV** Straßenbahn 3, 4 und 6, Haltestelle Domplatz | **Tipp** Das Kabarett »Die Arche« im Waidspeicher am Domplatz bietet Satire mit viel Humor. Internett auffindbar: www.kabarett-diearche.de. Auf dem Spielplan stehen acht bis zehn verschiedene Kabarett-Programme; Karten im Vorverkauf am Domplatz 18 sichern (Tel. 0361/5982924 oder kasse@waidspeicher.de).

90_Die SCHOTTE

Von überschäumender Frische

Aus einer Schulturnhalle wurde ein Theater. Tiefstapelnd sagt hier aber kaum jemand Theater. Meist heißt es: Wir gehen in die SCHOTTE. Große Buchstaben – große Aufmerksamkeit. Mitarbeiter und -spieler beiderlei Geschlechts nennen sich Schotten, obwohl niemand dieser Regionalherkunft bisher dabei war. Und es waren schon viele dabei. Hunderte Kinder und Jugendliche probierten sich im Etüdenspiel aus, lernten, wie man sich allein und zusammen mit anderen auf der Bühne bewegt, wie man spricht. Ausbildung auf hohem Niveau. Aber die SCHOTTE ist kein abgehobener Eliteverein. Sie ist täglicher Treffpunkt, eine Schule der Freundlichkeit. Für viele Jugendliche die zweite, für manche die erste Familie.

Und wenn die theatralischen Grundlagen gelegt sind, geht's in die Öffentlichkeit. Spannende erste Schritte, meist mit einem selbst geschriebenen Stück über den Lebensabschnitt, in dem die Herzen anfangen zu puppern, also die »Puppertät«. Effektvolles chorisches Sprechen, kleine Szenen, Gruppen-Action. Hinreißend!

Der Spielplan ist gewachsen, drei bis vier Premieren pro Jahr, fast 20 Stücke insgesamt, einschließlich Clowns- und Improvisationstheatervorstellungen. Dürrenmatt, Puschkin, Frayn, E.T.A. Hoffmann, Griffin, Mayenburg und natürlich Shakespeare. »Romeo und Julia« der SCHOTTE gewann den Deutschen Amateurtheaterpreis. Regieteam, Darsteller, Bühnenbild auf professionellem Niveau, eine Inszenierung, die jedes »richtige« Theater gern im Repertoire hätte. Manchmal vermisst man dadurch das geschlossene Schauspielhaus weniger.

Wer sich hier nicht jedes Stück ansieht, sich von den Clowns und Improleuten nicht bespaßen lässt, ist nicht nur selbst schuld, sondern verpasst ein gutes Stück Erfurter Kultur, geboren aus Hingabe und Können. Die SCHOTTE ist übrigens ein Verein, man kann beim Überleben helfen, wenn Thüringer Politiker dem Theater mal wieder an die Gurgel wollen.

Adresse Schottenstraße 7, 99084 Erfurt-Altstadt | ÖPNV Straßenbahn 1 und 5, Haltestelle Stadtmuseum / Kaisersaal | Tipp Zu den SCHOTTE-Aufführungen und zu »Thüringer Schultheatertagen« und den »Thüringer Amateurtheatertagen« gehen und immer junge Leute mitnehmen, denen Theater bisher fremd war. Die SCHOTTE ist eine Schule des Zuschauens – manchmal prägt das fürs Leben.

91 Spielplatz Glockengasse

Spiel, Spaß und Ent-Spannung

Altstadt pur. Glockengasse und Glockenquergasse. In fröhlichen Farben gestrichene kleine Häuser mit Namen zum Kichern und Wortspielen. Haus zum Kamel. Da wohnen Touristen, wirklich, ist 'ne Ferienwohnung. Haus zum gelben Löwen, mit einem Zweitschild, darauf Götz von Berlichingens – Verzeihung! – arschgeiler Spruch. Nicht ganz richtig geguttenbergt, denn es heißt »im«, nicht »am«, wo man lecken soll. Immerhin, ist von Goethe!

Das Andreasviertel war die Handwerkervorstadt. Einige Hauszeichen deuten mittels Bügelscheren auf frühere schneidbereite Bürger. Am Haus Nummer 37 ein Glockengießerbild. Und über der Tür vom »Haus zur roten Flasche« ein Oberlicht, in dem altes Tischlerwerkzeug steht.

Gegenüber öffnet sich die Straßenzeile zum Spielplatz. Ein Kind, das von hier porentief rein wieder nach Hause kommt, hat den Sinn eines Spielplatzes nicht begriffen. »Der Mensch spielt nur, wo er in voller Bedeutung des Wortes Mensch ist, und er ist nur da ganz Mensch, wo er spielt.« Ja, liebe Kinder, das ist von Schiller. Das kann man vor sich hersagen, wenn man durch das Höhlenloch kriecht, wenn man schaukelt oder im Sand buddelt. Oder man lässt es sich von den Aufsichtspersonen vorsagen, die im Halbkreis sitzen. Hach, ist es hier schön! Klettern, sich in den Büschen versteckeln (so heißt das in Erfurt), auf den Hügel kraxeln, wo Fachwerk zum Raten einlädt: Kirche? Schloss?

Die große Mauer an der Rückseite des Kornhofspeichers (siehe Seite 118) ist mit kindlichen Bildern bemalt. Nur der grüne Drache ist sehr professionell, böse und feuerspeiend. He, nie was vom netten Tabaluga gehört?! Und dann steht da noch eine Holzsäule mit Schnitzereien: Blumen, Vogelfedern, eine rote Gaslaterne, fröhliche Fische und ein trauriger Mann, der aussieht wie früher ein Soldat. Aber er guckt auf die bunt bemalte Mauer. Und sonst: Zufrieden jauchzet, Groß und Klein!

Adresse Glockengasse, 99084 Erfurt-Altstadt | **ÖPNV** Straßenbahn 3 und 6, Haltestelle Webergasse/Andreaskirche | **Tipp** Das ehemalige Stasigefängnis an der Ecke Andreasstraße/Domplatz ist heute gleichzeitig Gedenkort und mahnendes Museum.

92_Das Sportdach

Unten kaufen – oben laufen

Dass ein Auto tiefergelegt wird, das kennt man. Dass ein Sportplatz höhergelegt wird, das dürfte relativ einmalig sein. Im Erfurter Südosten ist das gelungen. Rundherum viele Einwohner beiderlei Geschlechts auf relativ wenig Raum – ein Plattenbauwohngebiet. Kleiner und Großer Herrenberg. Noch weiter rundherum, bis zum Magistrat, war sich alles einig: Da muss es einen Sportplatz geben! Schulsport, Freizeitsport. Auch Vereine standen startbereit. Aber der Mensch lebt nicht vom Sport allein, es muss auch ein Supermarkt in der Nähe sein. Jetzt hätte es durchaus zu einem Kampf der Giganten kommen können. Klar dürfte auch sein, wer letztendlich gewonnen hätte. Nicht unbedingt die Sportstätte.

Hatten sich die Geschäftsführer der Supermarktkette mit Sitz Neckarsulm gerade ihre positive Jahresbilanz angeschaut, gab es noch das Bedürfnis, dem Osten unter die Arme zu greifen, schauten die Werbestrategen erwartungsfroh in die Zukunft? Oder alles zusammen? Wer weiß es. Egal, es existiert nun seit 1994 auf dieser umkämpften Immobilie beides: Kaufhalle und Sportplatz, weil die Sportler dem Einkaufsmarkt aufs Dach steigen können. Und sehr werbewirksam, wie sich das heutzutage bei bedeutenden Sportarenen gehört, trägt das Sportdach den Namen des »Untermannes« und Sponsors.

Hockeyturniere finden hier statt, durchaus auch international besetzt. Das Großspielfeld bietet 109,8 mal 72,8 Meter feinsten grünen Kunstrasen. Rundherum führen vier 400-Meter-Bahnen in bekanntem rötlichem Kunststoffdesign. Es gibt Anlagen für Weitsprung, Dreisprung und Hochsprung. Und der Vollständigkeit halber: ein Nebengebäude mit Vereinsräumen, Umkleidekabinen (getrennt Frauen, Männer, Kampfrichter) und Geräteabstellkammern. Wie steht auf der Website des Sportamtes: »Die Nutzung für die Öffentlichkeit ist mit den ansässigen Sportvereinen und dem Platzpersonal individuell abzustimmen.« Immer hin!

Adresse Stielerstraße 9, 99099 Erfurt-Herrenberg | ÖPNV Straßenbahn 3 und 4, Haltestelle Abzweig Wiesenhügel | Öffnungszeiten nach Absprache mit Platzwart | Tipp Spaziergang durch Melchendorf: Aus dem All sieht man exemplarisch, wie ein Dorf von einer wachsenden Stadt geschluckt wurde. Archäologen pinselten in der »Melchendorfer Grube« Siedlungsspuren der Trichterbecherkultur aus; heute überbaut.

93 Sprungschanze im Rhodaer Grund

Sprünge ins Vergessen

Wenn im mittelamerikanischen Urwald wieder eine Mayasiedlung gefunden wird, schaut die ganze Welt zu. Schließlich war es ja letztens ein Mayakalender, der den Weltuntergangstermin festlegte, indem er endete. Also der Kalender. Dann fand man einen neuen alten Kalender, und alles war wieder gut. Wenn man im Erfurter Ur-Wald, dem Steigerwald, Zeugnisse einer Zivilisation findet, dann läuft das nach dem Motto: Stell dir vor, man findet was Außergewöhnliches, aber keiner geht hin. Mal ehrlich, wer rechnet damit, dass vor den Toren der schneearmen Stadt Erfurt Reste einer mittelkleinen Wintersportanlage zu finden sind? Kein Biathleten-Schießstand, keine Natureis-Bob- oder -Rodelbahn, nein. Eine Eislaufarena? Viel besser: eine Sprungschanze. In Erfurt? Glaubt dir keiner. Doch, im Rhodaer Grund zwischen Möbisburg und Rhoda. Dort wurde am 6. Januar 1940 eine Skisprungschanze eingeweiht. Das verantwortliche Sportamt hieß damals Stadtamt für Volks- und Jugendertüchtigung. Mit Nummer 61 sprang der Oberhofer Hans Marr, einer der deutschen Spitzenspringer, gleich Schanzenrekord auf der 30-Meter-Schanze. Er schaffte 29 Meter. Beiderseits der Schanze applaudierte man auf den Zuschauerplätzen. Da die deutsche Kleinstaaterei noch gar nicht so lange überwunden war, kicherten die Zuschauer des ersten Sprungwettbewerbs und meinten: Die Skiadler starten in Preußen, fliegen über die Grenze und den Bach und landen in Sachsen-Coburg-Gotha.

Die Geschichte hat ein Möbisburger Heimatforscher ausgegraben. An der Schanze war nicht mehr viel auszugraben, denn sie ist bis auf wenige Reste zerbröckelt. Aber noch sind Beweise existent. Bei den Fragmenten steht nun eine Tafel, auf der man die kurze Geschichte Erfurts als Mekka des Skispringens nachlesen kann. Der Rekordspringer Hans Marr kam aus Hitlers Russlandfeldzug nicht zurück. Er soll mit seinen Laufskiern auf eine Mine geraten sein.

Adresse im Rhodaer Grund, 99049 Erfurt-Möbisburg-Rhoda | **ÖPNV** Stadtbus 60, Haltestelle Rosenküche | **Anfahrt** in Möbisburg von der Hauptstraße auf die Rhodaer Straße, dann zu Fuß weiter | **Tipp** Über die Rhodaer Chaussee gelangt man zum »Waldhaus«: ein traditionelles deutsches Ausflugslokal in italienischer Hand, mit Bierbrauerei im Haus.

94_Die Stadtmauer

Steinreich und gut geschützt

Radikalinskis! Das waren die Erfurter am Ende des 19. Jahrhunderts. Die Mauer muss weg! Das ist keine Slogan-Erfindung der Wendezeit.

Erfurt wollte immer freie Reichsstadt sein, aber immer hielt jemand die Hand drauf und freilich auch auf. So ein prosperierendes Gemeinwesen, das musste einfach steuerlich abgeschöpft werden. Da nützten auch zwei Mauerringe nichts. Zwar konnten die aufmüpfigen Erfurter, will man Überlieferungen glauben, kräftig-deftig von der Mauerkrone herab ihrer Meinung Ausdruck verleihen, aber immer wieder stellten die Herren aus Mainz, später Frankreich und Preußen, ihr Recht und ihre Ordnung her. Und die Erfurter hatten das Nachsehen, also sie sahen ihren schwindenden Geldstücken nach.

Als die Steinwehr hochgezogen wurde, zahlten sie noch gern das Wallgeld, eine Maueraufbausteuer. Luther, der Erfurt einmal als Schmergrube bezeichnet hatte, sah die Stadt so gut ummauert, dass nur ein Türkenangriff diese Befestigungen überwinden könne. Bis hierher kam der Türke aber nicht. Und das Einreißen haben die Erfurter 1873 so gründlich selbst erledigt, dass von den Mauern heute nur noch kurze Stücke übrig sind. Gäbe es nicht noch Fotos, man würde kaum glauben, dass es hier einmal Türme und Tore und kilometerlange Mauern gegeben hat.

Restliche Originalstücke stehen am Johannestor, am Brühler Garten und an der Ecke Lutherstraße / Regierungsstraße. Irgendwie kriegten die Erfurter aber ein schlechtes Gewissen, und so ist zur Freude der Touristen wie der Einheimischen die Festung Petersberg in Schönheit übrig geblieben. Das kleine Stück Mauer am südlichen Ring ist allerdings ein Fake, sauber und glatt, mit Erklärung und einer recht witzigen metallenen Karte, auf der nicht nur die Mauerverläufe gezeichnet, sondern auch die Ziele notiert sind, die man stolz ansteuerte, wenn man Erfurt durch eins der vielen Tore verließ. Verona, Kiew …

Adresse Johannesmauer, 99084 Erfurt-Altstadt | ÖPNV Straßenbahn 1 und 5, Haltestelle Augustinerkloster | Tipp Die ehemalige Erfurter Kunstgewerbeschule, Am Hügel 2, wurde in sachlichem Jugendstil errichtet; der Fassadenschmuck ging 1944 bei einem Luftangriff verloren. Heute gehört das Gebäude zur Universität und beherbergt eine Ausbildungsstätte für Kunstlehrer.

95 Der Stern

Steiger im Kommen

Jeder verliebte Erfurter kann seiner Angebeteten einen Stern zu Füßen legen. Oder besser, er kann auf einem Stern der Frau zu Füßen liegen. Des Rätsels Lösung heißt »Stern« und ist eine Vielwegekreuzung im Steigerwald, im Steiger also. Steigen muss man hier nicht viel, wenn man spazieren geht, aber aufpassen, dass man nicht von Joggerhorden überrannt wird oder mit Zweiradterroristen kollidiert. Zwischen »Waldkasino« und Sängerwiese verläuft eine Sportstrecke, die dem Turnvater Jahn gefallen hätte. Weiße Strichmännchen auf grünem Grund zeigen, wie man sich am jeweiligen Gerät ein bisschen zugunsten seines Body-Mass-Indexes quälen oder seinen Gleichgewichtssinn trainieren kann.

Ansonsten: Viele Wege führen nach Rom und zur Idealfigur – fast alle Wege führen zum Stern, Wege mit wunderhübschen Namen: Diebstalsweg, Schindleichsweg, Bachstelzenweg, und man kann auf dem Holzweg unterwegs sein. Urgeschichtliche Hügelgräber mit Mehrfachbelegung gibt es im Landschaftsschutzgebiet Steigerwald, Ausflugsgaststätten und das Dreibatzenloch, die Kahlplatte, den Teufelssumpf am Sühnekreuz und den Großvater, eine große, alte, knarrende Rotbuche.

Über viele Jahrhunderte war der Steiger, der Erfurter Stadtwald, an erster Stelle Holzlieferant, quasi ein Baumarkt mit nachwachsendem Material und Brennholzreservoir. Holz heizte den menschlichen Fortschritt an: Dreschflegel, Bierfässer, Blasinstrumente, Lineale, Hausbalken, Eisenbahnschwellen, Papier … Mutter Natur bot zwar viel Holz vor der Hütte, aber nicht unendlich viel. Der Steigerwald sah bis ins 19. Jahrhundert oft ziemlich kahl geschoren aus. Dann begann die geordnete preußisch-deutsche Forstwirtschaft. Und außerdem ließen sich die Städter nicht mehr so einfach ihr Naherholungsgebiet abholzen. Heute bewegen sie sich auf den Waldwegen – als Wanderziel vor allem ein kühles Blondes oder Kaffee und Kuchen vor Augen.

Adresse im Steigerwald, 99096 Erfurt-Löbervorstadt | ÖPNV Straßenbahn 6, Haltestelle Steigerstraße | Tipp Alljährlich findet zu Pfingsten ein großes Chorkonzert des »Erfurter Männerchors 1890« auf der Sängerwiese statt. Mitsummen (für Mutige mehr) inklusive.

96_Tanzsaal in der Synagoge

Oben, unten und ganz unten

Hier wurde geschwoft, gescherzt und heimlich geknutscht, weiter unten wurde gekegelt, das Geschichtskränzchen saß im Vereinssaal beim Kaffeeklatsch, wenn nicht gerade Touristengruppen gastronomisch abgefüttert wurden. Alles gute Deutsche, völlig ahnungslos, dass sie sich in einem jüdischen Bethaus verlustierten. War ja auch nach einem halben Jahrtausend Nutzung als Lagerhaus und mehreren Umbauten nur noch zu erahnen, wozu das Gemäuer ursprünglich mal gedient haben könnte, dieses verschachtelte Hinterhaus, das man von der heutigen Gaststätte »Feuerkugel« aus erreichte. Ende des 19. Jahrhunderts war eine Treppe neu eingebaut worden, damit die tanzwütigen Massen besser in den ersten Stock kamen.

Wenn man heute ins Museum »Alte Synagoge« geht, vorbei an den Grabsteinen, durch den unteren, fast leeren Raum und dann nach oben steigt, denkt man schon, man sei plötzlich im falschen Film gelandet. Die Restauratoren haben erhalten, was den Synagogenbau erhalten hat. Wie eine Maske verbarg die Ausstattung des Tanzsaales die jüdische Vergangenheit.

Die jüdische Bevölkerung Erfurts, eine starke Gemeinde, wurde beim Pogrom 1349 fast ausgelöscht. Es hieß, sie seien schuld an der Pest. In Todesangst vergrub damals der Bankier Kalman von Wiehe sein Gold- und Silbervermögen. Der Schatz blieb fast 650 Jahre unentdeckt.

1998 zog ein Bauarbeiter in einem Fahrradkeller in der Michaelisstraße einen ollen Zinnteller aus der Erde. Der gelangte dann in Museologenhände und entpuppte sich als mittelalterlicher Silberteller. Die archäologischen Alarmglocken läuteten. Vorsichtig wurde gegraben. Stück für Stück: Silbermünzen und -barren, Becher, eine Kanne und eine Trinkschale aus Silber sowie über 700 gotische Gold- und Silberschmiedekunstwerke, teils mit Edelsteinen besetzt, kamen ans Licht. Und man fand einen äußerst seltenen jüdischen Hochzeitsring. Massel gehabt.

Adresse Waagegasse 8, 99084 Erfurt-Altstadt | **ÖPNV** Straßenbahn 3, 4 und 6, Haltestelle Fischmarkt | **Öffnungszeiten** Di–So 10–18 Uhr | **Tipp** Die »Kleine Synagoge«, An der Stadtmünze, ist Veranstaltungsort für regelmäßige Konzerte, Sprechtheater, Diskussionsrunden und Vorträge (oft auch in russischer Sprache) und Ausstellungen.

97 __ Teatrum mundi

Die Königin im Schrank

Einfache Spielzeit: Ein Euro! Die Neugier siegt. Der Euro klickert im Schlitz. Die kalte, gekrönte Schönheit öffnet ihren Umhang, und du schaust hinein in den magischen Spiegel. Leise klimpert Musik. Und du siehst Märchenhaftes: Schneewittchen. Alles bewegt sich. Im Bergwerk hacken die Zwerge. Glitzernde Erzbrocken wandern auf dem Förderband hinauf. Oben am Fenster die Silhouette der Königin. Schnee fällt. Über dem Fenster steht: Theatrum mundi. Ein mechanisches Puppentheater. Aus leblosen Materialien hat die Hand eines Zauberers dieses Wunderland geschaffen.

Der Zauberer ist gar keiner, der Schöpfer dieses Kunstwerks hat einfach zwei geschickte Hände. Er arbeitet im 21 Quadratmeter großen Werkstattatelier auf der Krämerbrücke. Oft ist die Tür offen, man darf eintreten, sich umsehen und beim Arbeiten zuschauen, eine Kleinigkeit kaufen. Rechts neben der Tür steht ein Schrank. Darin steckt alles, was die Schneewittchen-Szenerie draußen im Fenster bewegt. Uhrmacherpräzision verbindet sich mit der Kunst des Puppentheaters. Manchmal streikt das versteckte Räder- und Riemenscheibenwerk. Dann klebt ein Zettel an der Scheibe: »Heute keine Vorstellung!«

Der Puppengestalter ist ein deutschlandweit gefragter Mann. Lindau, Berlin, Zwickau, Erfurt. Leider legendär, weil das Stück schon abgespielt ist, sind seine Puppen und das Bühnenbild für »Moby Dick«. Zeichnungen davon hängen in der Werkstatt auf der Krämerbrücke, die Puppen hängen im Puppenfriedhof des Waidspeicher-Theaters. Nur zu Ausstellungen kommen sie ab und an ans Licht der Welt. Dann scheinen sie, selbst im nicht animierten Zustand, lebendige Wesen zu sein.

Wieder klickert ein Euro. Die böse Königin öffnet ihren Umhang. Vertreter jeder Altersklasse staunen, geschlechtsneutral. Es gibt Süchtige, die fast täglich mindestens einen Euro in den Schlitz stecken. Einfache Spielzeit. Für zwei Euro kann man verdoppeln.

Adresse Krämerbrücke 2, 99084 Erfurt-Altstadt | ÖPNV Straßenbahn 3, 4 und 6, Haltestelle Fischmarkt | Tipp Auf einen guten Kaffee geht man ins »Café Füchsen«, Hütergasse 13; ein angenehmes, familienfreundliches Caféchen mit dem vom Puppenmacher geschnitzten Fuchskopf im Gebälk.

98 Die TAZ-Druckerei

Hanni, Fritzi, Putzi & Kolk

Wo wurden in Deutschland die ersten Comicstreifen veröffentlicht? Kleiner Tipp: Zeichner war der in der Niederlausitz geborene Fryco Latk.

Das Rätsel soll nicht noch mehr verrätselt werden. Also: Nach übereinstimmenden Informationen hat die »Thüringer Allgemeine Zeitung« 1933 erstmals hierzulande kleine Bildergeschichten mit Sprechblasen gedruckt. Der Zeichner nannte sich eingedeutscht Fritz Lattke. Er kam aus armem Elternhaus, aber ein pädagogischer Talentscout entdeckte seine Begabung und organisierte ein Cottbuser Stipendium, das den Besuch der Berliner Kunstgewerbeschule ermöglichte. In den 20er Jahren studierte Lattke an der Kunsthochschule in Weimar.

An Thüringen fesselten ihn Liebesbande, dann die kleinen goldenen Handschellen, die man am Finger trägt. Zum Malen fuhr er immer in seine Heimat. Lattke war Mitbegründer des Verbands sorbischer bildender Künstler, kam aber mit den Kulturfunktionären nicht zurecht. Die auch nicht mit ihm. Der Maler Fritz Lattke starb und wurde begraben, in Weimar. Seine melancholisch-poetischen Landschaftsgemälde hängen in den dortigen Kunstsammlungen, im Goethe-Nationalmuseum, im Sorbischen Museum Bautzen, in Berlin, Altenburg und Prag. Aber die meisten Bilder wurden privat gekauft.

Trotzdem reichte das Geld nie. So verdingte sich Lattke ungern, aber sehr erfolgreich als Buchillustrator und sogar als Karikaturist. 1933 wurden in der Erfurter Johannesstraße die ersten Comicstrips mit Hanni und Fritzi, ihrem Hund Putzi und dem klugen Raben Kolk gedruckt. Vier Freunde sollt ihr sein. Die Comics kamen so gut an, dass sie schon ein Jahr später in Buchform erschienen. Ein Autor schrieb neue, längere Geschichten, und Lattke illustrierte. Bis 1940 erschien jedes Jahr ein neues Buch. Erfurter älterer Jahrgänge bekommen leuchtende Augen, wenn Hanni, Fritzi und Putzi irgendwo mit dem Kolkraben auftauchen.

Adresse Johannesstraße 160/161 (Gebäuderückseite Juri-Gagarin-Ring), 99084 Erfurt-Altstadt | ÖPNV Straßenbahn 1 und 5, Haltestelle Stadtmuseum/Kaisersaal | Tipp Die Hanni-Fritzi-Putzi-Bücher gibt es als Reprints und in Neudrucken. Nicht alles entspricht heute der Political Correctness, aber spannend und witzig sind sie allemal.

99 Das Tiefthaler Kunstfest

Queen Mum inkognito

Am obersten linken Rand von Erfurt liegt Tiefthal. Aber das eingemeindete Dorf ist nicht Randgebiet, sondern Zentrum. Zeitweilig jedenfalls. Und das kam so: Am Anfang war ein Clown, der – aus westlicher Himmelsrichtung kommend und der Liebe folgend – in Tiefthal ansässig wurde. Und weil Tiefthal so schön ist und zwei wunderalte Häuser hat, in denen man auch beköstigt wird, verfiel der Clown auf eine Idee. Man könne doch, verposematuckelte er im Jahre 2002 dem Wirt des »Weißbach-Cafés«, das erste Juni-Wochenende nutzen, um die ortsansässigen Künstler öffentlich ein bisschen Kunst machen zu lassen, und der Wirt könne ja auch zwei, drei Bier mehr loswerden. Und da war ja auch noch die Wirtsfrau, die geradezu kunstvollen Kuchen buk.

Die Frau des Clowns nähte wunderschöne Bilder und stellte die aus. Ein satirischer Witzemacher machte satirische Witze. Seine Frau las selbst erdachte märchenhafte Geschichten vor. Ein Bildhauer stellte Skulpturen vor seine Tür. So kam es zum ersten Tiefthaler Kunstfest »Kunst & Kneipe«. Dann kam das zweite. Der Zustrom der Gäste wuchs. Und weil derweil noch andere Künstler hinzugezogen waren, zog man diese hinzu, und auch die ortsansässigen Vereine, die Chöre und die Freiwilligen Feuerwehrler, und das Kunstfest wuchs. Bald bekam es jedes Jahr ein schönes Motto: »Des Kaisers neue Kleider«, »Schillerndes Tiefthal«, »Extrawurscht« oder »Die glorreiche Sieben«.

Dann wurde der Clown gar zum Bürgermeister gewählt. Und da er und seine Tiefthaler Künstler immer wieder viele Klinken putzten und die Besucher fröhlich Eintritt zahlten, kam etwas Geld in den Kunstfestsilberundgoldtopf, aus dem dann die GEMA und die Künstlersozialkasse und die Werbung bezahlt werden konnten. Und wenn noch etwas übrig blieb, bekamen auch die Künstler etwas ab.

Und Queen Mum ist immer dabei. Inkognito. Als Oma auf einer Bank.

Adresse 99090 Erfurt-Tiefthal | **ÖPNV** Bus 15 bis Endhaltestelle | **Anfahrt** B 4 von Erfurt, Abfahrt Kühnhausen-Tiefthal | **Öffnungszeiten** Kunstfest immer am 1. Juni-Wochenende | **Tipp** Die Schwellenburg ist ein terrassenförmiger Hügel vor Tiefthal, von dem aus man sich, hat man ihn bestiegen, mit weitem Blick über die Thüringer Landschaft belohnt.

100_Die Treppenstraße

Michael Schanze war nie hier

Die Treppenstraße ist zunächst mal eine Straße, also vom freien Bürger in freier Fahrt befahrbar, links und rechts ab Nordhäuser Straße, bebaut mit hohen Gründerzeithäusern, beidseitig davor lückenlos parkende Autos. Mit der Autofahrkompatibilität ist aber an dem Knick, wo der Name in »An der Auenschanze« wechselt, Schluss. Beziehungswiese umgekehrt, manchmal wechselt die Richtung der Einbahnstraße. Am Knick geht die Treppenstraße abwärts als Fußweg weiter, 60 und ein paar Stufen nach unten in Richtung des Tordurchgangs Auenstraße.

Treppenstraßen sind selten. Im Internet findet man fünf in ganz Deutschland. Auf dieser hier überwindet der Fußgänger 25 Höhenmeter, weil die alten Griechen und Römer sich Wehrwälle ausdachten, die jahrhundertelang die Kriegstaktik bestimmten. Es wurde geschanzt, was das Zeug hält beziehungsweise was die zum Erdbewegen gepresste Bevölkerung oder der gemeine Soldat aushalten mussten. So entstand auch die Auenschanze. Weil aber diese Art Krieg schon länger aus der Mode gekommen ist, wurden die Schanzen bei der Ausweitung des Stadtgebietes abgetragen oder einfach überbaut. Heute ist vom Militärischen nichts mehr zu sehen, und beim Wort Schanze denkt der kriegsunerfahrene Erfurter maximal an Recknagel, Weißflog und Hocke und die Erfurterin an den einst so süßen Martin Schmitt.

Zwischen den Häuserzeilen oben und unten ist einerseits viel Platz für Gärten mit großen Obstbäumen. Die zugewucherte Brache auf der anderen Seite ist Katzentummelplatz und neuerdings auch ein Areal der alternativen Stadtgärtnerei. Man bittet am Eingang durch den Schrank (Ungelogen!) schriftlich darum, Wiese und Gebüsch nicht als großes Open-Air-Klo zu benutzen. Es soll ja ein schöner großer Garten werden, wo man sich im Grünen verschanzen kann, ohne dass die Schuhsohlen braun werden. Schön ruhig ist es. Erfurt ist wahrlich idyllendurchsetzt.

Adresse Treppenstraße, 99089 Erfurt-Andreasvorstadt | **ÖPNV** Straßenbahn 3 und 6, Haltestelle Baumerstraße | **Tipp** Das »Casa Mexicana« ist ein scharfes Restaurant mit neuem Schwung (TV-Köche halfen), an der Ecke Karlstraße/Auenstraße.

101 Topf & Söhne

Deutsche Wertarbeit

Das war einst eine ganz normale, 1878 in Erfurt gegründete Firma, deren Mitarbeiter komplette Mälzereien, Brauereimaschinen und Silos bauten. Vor dem Ersten Weltkrieg fertigten sie Schornsteine und gasdichte Türen und Fenster sowie die leistungsfähigsten Braunkohleöfen. 1933 Zahlungsschwierigkeiten. Zwei Jahre später standen zwei Sessel in der Chefetage, darauf saßen Ludwig und Ernst-Wolfgang Topf. Es ging aufwärts. Dann begann der Krieg, wieder schlingerte die Firma. Schuldenstand knapp eine halbe Million Reichsmark. Und da hatten die zwei Chefs eine Idee. Topfs bewarben sich und waren fortan die Ofenbauer von Buchenwald und anderen KZs. Deutsche Ingenieurskunst schaffte es, dass unglaubliche 4.400 Leichen pro Tag verbrannt werden konnten. Schnell, sicher, hygienisch, nahezu rückstandslos.

Am 4. November 1942 stellte die Firma einen Patentantrag: »Durchlaufofen für die Massenverbrennung großer Anzahl von Leichen«. Noch effizienter sollte die Beseitigung erfolgen. Die Patentschrift wurde als geheim eingestuft und deshalb vom Reichspatentamt nicht bearbeitet. Anfang der 50er Jahre erteilte das Bundespatentamt für diesen Antrag ein Patent an Topf & Söhne, Wiesbaden. Ernst-Wolfgang hatte sich aus Erfurt abgesetzt.

In Bruder Ludwigs Abschiedsbrief vor dem Suizid stand, er sei anständig gewesen und er beteuerte seine Unschuld. Die auch von ihm unterschriebenen Geschäftsbriefe aus der Zeit des Faschismus enden immer mit: »… stets gern für Sie beschäftigt.«

Gegen Ernst-Wolfgang wurde im Westen kurzzeitig ermittelt. Es kam nie zu einem Prozess. Trotz anderslautender Beteuerungen Topfs gab es keinerlei Zwang zum Ofenbau, aber es gab immer einen guten Profit. Nach der Wende besetzten junge Leute das Topf-Gelände, damit es nicht Spekulanten in die Hände fiele. Zunächst zähneknirschend finanzierten das Land Thüringen und die Stadt Erfurt den heutigen Erinnerungsort.

Adresse Sorbenweg 7, 99099 Erfurt-Daberstedt | ÖPNV Straßenbahn 3, Haltestelle Robert-Koch-Straße, zu Fuß durch den Nonnenrain | Öffnungszeiten Di–So 10–18 Uhr | Tipp Man kann sein zeitgeschichtliches Wissen erweitern: Im Keller des Landtagsgebäudes, Arnstädter Straße, ist eine der ehemaligen Gestapo-Zellen zu besichtigen; Anmeldung beim Besucherdienst (Tel. 0361/3772008).

102_Unicampus

In Ruhe studieren

»Habe nun, ach, Philosophie, Juristerei und Medizin, aber leider auch Theologie! Durchaus studiert, mit heißem Bemühn …« Der arme Tor, der diese Worte spricht, ist bekanntlich Doktor Faust. Der war in Erfurt Superstar, als die Universität ihre erste und größte Blüte erlebte. Vieles von dem, was Goethe den Faust im gleichnamigen Theaterstück tun lässt, hat auch der reale Faust in Erfurt getan: brave Studenten mit miesen Zaubertricks erschreckt, den einäugigen Menschenfresserriesen Polyphem erscheinen lassen, auf einem Weinfass geflogen, eine Kutsche mit schwarzer Magie durch eine viel zu enge Gasse geleitet, Alkohol aus einem Tisch gezapft und reihenweise Mädels flachgelegt. Angeblich!

Außer Medizin könnte Faust heute an der Erfurter Universität so ziemlich alles und mehr studieren und sich zwischendurch auf den Unicampus setzen, um weitere Gretchens ins Verderben zu locken. Inzwischen halten andere Heinrichs nach jungen, klugen Frauen Ausschau. Man darf aber auch ohne Suchscheinwerfer und Studentenausweis auf dem Campus sitzen. Platz ist genug. Hier studieren nur rund 6.000 Leute. Wenn allerdings auf ein kurzes Semester wieder eine lange Semesterpause folgt, wird aus dem Ort der Lehre gar einer der Leere.

Schon 1379 stellte Gegenpapst Clemens VII. in Avignon für Erfurts Universität eine Stiftungsbulle aus. Aber erst Papst Urbans Genehmigung von 1389 führte schließlich zur Eröffnung. Die Uni wurde schnell eine der namhaftesten in Europa. 20 Prozent aller deutschen Studenten besuchten anfangs die Erfurter Hochschule. Knapp zwei Prozent waren es noch, als sie 1816 vom preußischen König geschlossen wurde. Wieder waren es Bürger der Stadt, die sich ab 1987 für eine Wiedergründung starkmachten. Seit 1994 ist es die jüngste und gleichzeitig älteste Universität Deutschlands. Und: Elvis lebt! Heißt E.L.V.I.S.® und ist beim Deutschen Patent- und Markenamt unter Nummer 302009054233 eingetragen. Googeln!

Adresse Nordhäuser Straße 63, 99089 Erfurt-Andreasvorstadt | **ÖPNV** Straßenbahn 3 und 6, Haltestelle Universität | **Anfahrt** zum Uniparkplatz über die Schwarzburger Straße, der Beschilderung folgen | **Tipp** Das Campusfest im Juni können nicht nur Studenten besuchen. Und das Hochschulstraßenfest, meist Anfang Mai, findet sowieso öffentlich rund um die »Engelsburg« statt.

103 Das Venedig

Reich an Wasserarmen

Es gibt eine Flugstrecke von Erfurt nach Venedig – mit dem Papierflieger. Kein Kindertraum ist das, sondern Realität. Für kompassgesteuerte Orientierungsläufer: Wer das Andreasviertel Richtung Nordosten verlässt, landet im Venedig. Das Venedig ist Park und Wohngebiet mit verschiedenen Wasserläufen, gemauerten Uferstrecken, Insel und Inselchen, Brücken, großen Bäumen und naturbelassenen Wiesen.

Die Gera fließt zwar als Gera in die Stadt und als Gera wieder hinaus, aber unterwegs ist die Namensvielfalt etwas verwirrend. Auch weil im Laufe der Jahrhunderte einige Geraarme verschwunden sind. Der kleine Kinoklub in Angernähe öffnet seine Tür zum Beispiel Richtung Hirschlachufer, aber weit und breit kein Wasser, das ein Ufer hätte. Nur der Straßenname ist ulkig: das Ufer, wo die Hirsche lachen?

Hier im Venedig nennt sich die Gera zunächst Breitstrom, geht dann aber in die Wilde Gera über, und es spaltet sich die Schmale Gera ab. In der Blütezeit der Wassermühlen standen im Venedig sieben dieser mahlenden Handwerksbetriebe. Bis 1666 kann der Name Venedig zurückverfolgt werden. Damals stand auf der Breitstrominsel das Färberhaus »Zur kleinen Venedige«. Knapp 200 Jahre später wird das ganze Stadtgebiet als Venedig bezeichnet.

Es gibt einen alten Spruch: Nach Erfurt oder aus Erfurt kommt man nicht, ohne Wasser zu überqueren. Nur logisch, wenn die Stadt schon das »Furt« im Namen trägt. Im Venedig gibt es Brücken und Fahrradwege. Nur die Fische kamen nicht ungehindert durch. Das hat man sogar in Brüssel bemerkt. Bagger rückten an, ein paar Bäume wurden gefällt. Die Anwohner und Spaziergänger reagierten ganz betroffen und protestierten. Aber die EU-Wasserrahmenrichtlinie wurde durchgesetzt. Ein Sohl-Absturz wurde in eine Sohl-Gleite umgewandelt. Wer's genauer wissen will, frage im Garten- und Friedhofsamt nach. Jetzt können die Fische ungehindert im Breitstrom schwimmen.

Adresse 99084 Erfurt, das Venedig liegt am Rand der Altstadt zwischen Augustinerstraße und Schlüterstraße | ÖPNV Straßenbahn 3 und 6, Haltestelle Webergasse / Andreaskirche, zu Fuß durch die Webergasse zum Venedig | Tipp Wasserwandern durch Erfurt ist nicht möglich, aber am Wasser wandern kann man; ein paar kleine Umwege einplanen.

104 Das verschwundene Depot

Gleise ins Nirgendwo

Was ist denn das nun wieder? Ein regionaler Versuch, sich verspätet an den Harry-Potter-Boom anzuhängen und eine Erfurter Variante des berühmten Verschwinde-Bahnsteigs 9 ¾ zu schaffen? Aber die Magdeburger Allee ist doch nicht der Londoner Bahnhof King's Cross. Hier geht es auch nicht mit dem Kopf durch die Wand.

Bevor die Erfurter Stadtwerke nebenan ihren großen gläsernen Firmenhauptsitz hochziehen ließen, war hier so ziemlich alles voller Gleise. Und die, samt den darauf fahrenden gleisgebundenen Verkehrsmitteln, mussten freilich verwaltet werden. Schon immer eine städtische Angelegenheit. Das Haus neben den Gleisen, die im Nirwana enden, war das Verwaltungsgebäude. Nicht nur, dass es außen in den Originalzustand zurückversetzt wurde, es zeigt auch im Verhältnis zum neuen Verwaltungsgebäude, wie alles gewachsen ist. Und wenn man den Restauratoren glauben will, so war das Haus krank und wurde ärztlich behandelt. Es hat Spritzen bekommen. Wirklich, es wurde »im gesamten Sockelbereich eine Horizontalsperre injiziert«, die die aufsteigende Feuchtigkeit nicht ins Mauerwerk lassen soll.

Was man alles erfährt, wenn man auf abgebrochenen Gleisen steht …

Die Geschichte der Erfurter Straßenbahn ist dagegen eine unabgebrochene. Auf mittlerweile sechs Linien gelangt man in die Nähe aller Stadtteile. Das Streckennetz wurde in den vergangenen Jahren kräftig erweitert und modernisiert. Beinmüde Rentnerinnen müssen keine alpinen Qualitäten mehr haben, um die neuen Niederflurbahnen zu besteigen. Alles läuft gut. Der Verkehr fließt. Und der Fluss der Einnahmen aus diesem und den anderen Stadtwerkegeschäften wird weitergeleitet und nützt der Stadt, unterstützt junge Sportler, Künstler, Bibliotheken, Vereine. Insofern sind die Gleise, auf denen man nur gegen die Wand fahren könnte, eigentlich Anti-Werbung. Und das Tor zu einer ehemaligen Wartungshalle ist einfach zugemauert.

Adresse Magdeburger Allee 34, 99086 Erfurt-Johannesvorstadt | **ÖPNV** Straßenbahn 1 und 5, Haltestelle Lutherkirche / Stadtwerke | **Tipp** »Erfurter-Herbstlese«-Fest mit Top-Autoren, unter anderem im Stadtwerke-Atrium. Jedes Jahr kommen die Literatur-Stars nach Erfurt, weil viele Zuhörer kommen (oft mehrere hundert pro Veranstaltung).

105 Die Waidspeicher-Galerie

Vielfalt ohne Einfalt

Geht man in Erfurt in den Waidspeicher, geht man zumeist ins Kabarett »Die Arche«. Das spielt im ersten Stock des »Theaters Waidspeicher«, unmittelbar am Domplatz. Irritierenderweise hat vor einiger Zeit das im Erdgeschoss spielende Puppentheater den Waidspeicher-Namen mit Alleinvertretungsanspruch okkupiert.

Aber es gibt weitere ehemalige Waidspeicher, die man besuchen kann: das Naturkundemuseum (siehe Seite 16) und die Galerie Waidspeicher. Letztere versteckt sich etwas im »Kulturhof zum güldenen Krönbacken«. Wie, eine gekrönte Backe? Wange oder gar Hinterbacke mit Krone? Nein, wieder ein Wortspielerscherz. Aber den Spekulationen sind Tür und Sitznischenportal des Hauses geöffnet. Krähnbacken vielleicht, nach Krähen oder einem krähenden Hahn? Zum Kinnbacken, nach der biblischen Geschichte, dass Simon seine Feinde mit einer Eselsschulter oder einem Hammelkieferknochen bekämpft haben soll?

Das Fronthaus zur Michaelisstraße hin wurde in 800 Jahren 18 Mal umgebaut. Gerade ist man beim 19. Mal, nun ist es eine Restaurierungsphase. Die dauert etwas länger, da das Haus in den letzten Jahrhunderten als Lager verkam. Der Waidspeicher im Innenhof entstand 1468. Heute wird hier nationale und internationale zeitgenössische Kunst gezeigt. Installationen, Objekte, Plastiken, Szenografisches, Kunsthandwerkliches. Aber auch Gemälde, Grafiken und Fotografien. Gefördert werden sollen vor allem Künstler aus der Region. Die können sich jeweils bis zum Sommer für das nächste Ausstellungsjahr bewerben. Eine Vergabekommission teilt dann die Ausstellungstermine zu. Oder auch nicht. Qualität geht vor, Vielfalt folgt nach. Der Kulturhof-Hof bietet Platz für Weihnachtssingen am Feuer, für Sommerkino, für kunsthandwerkliche Vorführungen, Konzerte, Künstlerfeste, Performances und Kleinkunst.

Und über allem wacht der Krön, der Hausgeist, den allerdings noch niemand zu Gesicht bekommen hat.

Adresse Galerie im Waidspeicher, Michaelisstraße 10, 99084 Erfurt-Altstadt | **ÖPNV** Straßenbahn 3, 4 und 6, Haltestelle Fischmarkt, am Rathaus vorbei in die Michaelisstraße | **Öffnungszeiten** Di – So 11 – 18 Uhr | **Tipp** Ein paar Schritte weiter liegt die Michaeliskirche mit ihrem idyllischen Kirchhof. Letzterer ist leider nur zu Veranstaltungen geöffnet, ansonsten nutzt ihn die Kirchengemeinde.

106 Das Wandbild

Diego Rivera lässt grüßen

Ist Kunst frei? Sollte sie. In jeder Hinsicht. Formal und inhaltlich. Zeitgeschmack und Kunstmarkt entscheiden, was sie kostet. Aber der Preis ist nicht der Wert. Dieses Bild wurde einmal sehr wertgeschätzt. Als der Maler in den 70er Jahren seine Farben auf die Wände des kubischen Gebäudes aufbrachte, gab es ringsherum nicht nur den sozialen Wohnungsbau mittels Betonplatte, es gab auch noch Euphorie, die Überzeugung, dass man dem faschistischen Irrsinn eine neue, bessere Welt entgegengesetzt hatte.

Aber auch die Verkalkungen in den Funktionärshirnen, die Verkrustungen im Staatsgefüge waren schon erkennbar. Der Künstler malte nicht gegen die sich unaufhaltsam ausbreitende Enge an. Er verteidigte die Idee, dass man gesellschaftliche Entwicklung planen könne, malte die Kraft des Aufstands der Anständigen, die Schönheiten des Gegenwärtigen und die Vision, die sich dann nicht erfüllte. Damals war es wichtig, dass solche Kunst einen marxistischen Titel hatte: »Die Idee wird zur materiellen Gewalt, wenn sie die Massen ergreift.« Das ist in seiner hohen Verallgemeinerung ein Satz, der auf jede Idee zutrifft, meinte aber nur die eine, angeblich allein selig machende.

Heute schaut man mit widersprüchlichen Gedanken und Gefühlen auf dieses Bild. Aber lässt man das Martialische weg, bleibt die menschliche Sehnsucht nach Frieden, Glück und etwas Wohlstand. Unbestritten gibt es Menschen, denen dies nicht vergönnt ist. Soll die Kunst es verschweigen?

Der Baukomplex, den dieses Bild so beherrscht, versammelte in den 70ern Gaststätte, Kaufhalle, Ambulanz, Schwimmhalle, Komplexannahmestelle und Bibliothek. Friedliche Einrichtungen. Übrigens fehlt heute die charmante Fußnote am Wandbild. Ebenerdig standen fröhliche Typen von verschiedenen Kontinenten, geformt aus Ton, um den »Brunnen der Völkerfreundschaft« herum, ein bisschen augenzwinkernd-volkstümlich. Frost hat sie weggesprengt.

Adresse Vilniuser Straße/Mainzer Straße, 99089 Erfurt-Rieth | **ÖPNV** Straßenbahn 1 und 6, Haltestelle Rieth | **Tipp** In der Vilnius-Einkaufspassage gibt es ein Geheimtipp-Restaurant. Wer's findet, findet's gut.

107_Wasserburg Kapellendorf

Erfurt weit weg

Erfurt ist nicht nur in Erfurt. Erfurt ist auch ganz woanders. Zum Beispiel in Kapellendorf im Städtedreieck Jena-Weimar-Apolda. Das hat historische Ursachen. Keine musikalischen.

Kapellen-Dorf geht auf eine Kapelle zurück, um die herum ein nettes Dörflein und eine Burg gewachsen waren. Burggraf Kirchberg war Anfang des 14. Jahrhunderts so klamm, dass er die Burg an einen Erfurter verkaufte. Die reiche Stadt kaufte später mehrere Dörfer im Umland und erwarb die Gerichtsbarkeit. König Karl IV. leaste die Herrschaft Kapellendorf als Reichslehen. Dummerweise übergab der Erfurter Rat dann den Rittern von Vitzthum die Burg, damit von dort aus die Fernhandelswege geschützt würden. Aber Apel von Vitzthum und seine Brüder verlegten sich auf Raubritterei und erpresserische Entführung. Deshalb räucherte man die Vitzthums aus. Die revanchierten sich, indem sie Erfurt an mehreren Ecken anzündeten.

Als die reiche Stadt Erfurt pleite war, versuchte der Rat, dies durch die Verpfändung Kapellendorfs zu vertuschen. Als das aufflog, wurde ein Volksaufstand organisiert, ein Ratsherr endete am Galgen (siehe Seite 68), andere Herren besetzten die Plätze an Erfurts Spitze, und das Volk durfte wieder untertänig sein.

Die Wasserburg war dann mal Irrenanstalt, mal Schule. Ein Schelm, wer Böses dabei denkt. Erst 1929 wechselte die Burg wieder in Erfurter Besitz. Heute gehört sie der Stiftung Thüringer Schlösser und Gärten. Aber nur die Hülle. Alles in der Burg, sozusagen ab Steckdose, gehört immer noch Erfurt – eine museale Exklave.

Im Sommer spielt die Jenaer Kurz- und Kleinkunstbühne kabarettistisches Theater im Hof, in den anderen Jahreszeiten kann man nebenan das Kabarett »Fettnäppchen« besuchen. Und musikalisch ist Kapellendorf jetzt auch – wenn der hier wohnende Weltspitzengitarrist nicht gerade in der weiten Welt unterwegs ist.

Adresse Am Burgplatz 1, 99510 Kapellendorf | **ÖPNV** mit Bus von Weimar oder Jena | **Anfahrt** B 7 zwischen Weimar und Jena, Abfahrt Frankendorf | **Öffnungszeiten** Di–So 10–12 Uhr und 13–17 Uhr | **Tipp** In der Töpferei Töppe-Zenker Am Bäckerberg kann man Wunderschönes aus Ton erwerben, frei geformte Gefäße und Figuren. Verkauf nach Absprache auch abends und am Wochenende (Tel. 036425/50981).

108_Weingarten Roter Berg

Wo der Affenschweiß wächst

Die Franken haben zwar im Jahr 531 dem Thüringer Königreich ein blutiges Ende bereitet, aber sie brachten auch das Wissen um den Weinanbau hierher. Manche Erfurter meinen, das sei ein guter Tausch gewesen. 2.000 Hektar Weinland soll es im Mittelalter in Erfurt gegeben haben. Waren die Hiesigen eine Ansammlung von Säufern? Nein, eher war es Notwehr. Trinken muss der Mensch. Und sauberes Trinkwasser gab es kaum. Wein war eine der schmackhaften Alternativen. Das Gottesgeschenk wurde gebührlich genossen und gefeiert und seine Herstellungsweise sogar kunstvoll ins Chorgestühl des Domes geschnitzt.

Den Erfurter Wein – Eigenschaften: herb, würzig und klar – trank man auch gern in den Hansestädten an Nord- und Ostsee. Die Stadtväter lobten sich den Wein ebenfalls, denn sie erhoben nicht nur das Glas, sondern auch eine Weinsteuer, das »Ungeld«. Im Jahr 1400 machte das »Ungeld« immerhin unglaubliche 14 Prozent der städtischen Steuereinnahmen aus. Christian Reichart, Vater des Gartenbaus im 18. Jahrhundert, empfahl den Erfurter Wein. Man bekäme davon nicht die »St. Urbans Plag«, also die Gicht. Wein war so wichtig, dass zeitweilig drei Wochen Schul- und Gerichtsferien angeordnet wurden. Alle Hände und Füße wurden bei der Weinlese gebraucht.

Die bekannte gemeine Reblaus und Krankheiten mit klangvollen Namen wie Oidium monilioides und Peronospora ruinierten Ende des 19. Jahrhunderts die Erfurter Rebstöcke. 1952 pflanzte man auf dem Roten Berg wieder Wein an. In unmittelbarer Nähe der Zootiere wächst dort »Affenschweiß« heran. Nach der Geburt des Nashorns Limpopo schlugen Witzbolde die Umbenennung des Weines in Limpopo-Pipi vor. Das setzte sich ebenso wenig durch wie »Lamaspucke«. So heißt der Wein weiter »Affenschweiß« und wird vom Verein der Zooparkfreunde an sich selbst und an Freunde und Förderer verschenkt. Verkauft werden darf der Erfurter Wein nämlich nicht.

Adresse Am Zoopark 1, 99087 Erfurt-Roter Berg | **ÖPNV** Straßenbahn 5, Haltestelle Zoo | **Anfahrt** in Erfurt-Nord der Beschilderung folgen | **Öffnungszeiten** April–Okt. Mo–So 9–18 Uhr; Nov.–März Mo–So 10–16 Uhr | **Tipp** Das ehemalige »Weinberghaus« ist heute eine gleichnamige Gaststätte für Menschen, ganztags geöffnet. Fütterungszeiten für Tiere findet man auf Infotafeln an den Gehegen.

109__Der Westbahnhof

Klein, aber fein

Was sind das für Gleise, die den Weg zwischen Berliner und Bukarester Straße im Erfurter Norden für Autos unpassierbar machen? Das sind Reste der Kleinbahnstrecke Erfurt–Nottleben, die von 1926 bis 1967 existierte. In autoloser Zeit verband die Bahn Orte im preußischen Landkreis Erfurt, einem kleinen Teil der Provinz (!) Sachsen (!) – eine doppelte Beleidigung für Erfurter.

Am 11. November 1926 transportierte die Bahn erstmals Fahrgäste auf der insgesamt 21,2 Kilometer langen Strecke. Verantwortlich für den Fahrbetrieb war die Kleinbahnabteilung des Provinzialverbandes Sachsen (Da! Schon wieder!!) in Merseburg. Es gab auf der Strecke Gleisanschlüsse für tägliche Güterzüge zur Königlich Preußischen Gewehrfabrik (später Optima-Büromaschinen-Werk), zum Fliegerhorst Erfurt-Bindersleben (heute Flughafen) und zum Heeresverpflegungsamt Marbach. 150 bis 180 Güterwaggons ratterten pro Tag über die Strecke. Im Westbahnhof residierte die Bahnverwaltung. Die Strecke verlief weiter über Bindersleben nach Nottleben. Dort war die preußische Welt zu Ende. No railway out.

Schon 1939 fuhr kein Personenzug mehr zwischen den Bahnhöfen Nord und West. Die Straßenbahn war schneller und günstiger. 1967 stiegen alle Fahrgäste auf Auto und Bus um. Güterverkehr gab es bis 2003. Zwischen 1976 und 1995 wurde der Personenverkehr auf der Strecke teilweise reaktiviert. Das hieß Erfurter S-Bahn. Aber Erfurt ist ja nicht Berlin, also Schluss. »Erfurt West« nennt sich jetzt Traditionsbahnhof. Ein paar Signalanlagen und Gleisreste verweisen auf die Tradition, im Haus werden ganz heutig Verkehrsfachleute ausgebildet.

Wer moderne Architektur liebt, kann sich hinterm Westbahnhof Einfamilienhäuser ansehen, die sich von Garagen meist nur in Höhe und Fensterzahl unterscheiden. Pflanzen stehen in Rechteck und Quadrat. Der Architekt schreit: Stillgestanden! Irgendwie sehr preußisch.

Adresse Binderslebener Landstraße 31, etwas versteckt, 99092 Erfurt-Brühlervorstadt | ÖPNV Straßenbahn 4, Haltestelle Gamstädter Weg, andere Straßenseite | Tipp Eisenbahnfans folgen den alten Gleisen durch die Stadt (oder im Internet).

110 Der Wigbertihof

Ein öffentlicher Geheimtipp

Rundherum arbeiten und beten sie fleißig. Das kann man mitdenken, wenn man sich in diese begrünte Ruhe setzt. Das ist schon erstaunlich: Mitten in der Stadt ist man wieder raus aus derselben. Entspannung pur. Rechts vom alten Angerbrunnen verlässt man die quirlige Fußgängerzone, noch ein paar Schritte, durch ein Tor – und Ruhe. Im großen quadratischen Innenhof des ehemaligen Wigbertiklosters spendet ein stattlicher Schwarznussbaum Schatten und Frischluft. Der Brunnen, geformt wie ein Boot, plätschert leise. Das Wasser spiegelt die umliegende Vergangenheit, gegenwärtig auf drei Seiten genutzt von Ämtern der Stadt. An der vierten steht die Kirche. Lavendel blüht lila und duftet. Kleine Buchs- und Nadelbaumhecken wechseln mit Sitzblöcken aus Holz. Leider ohne Lehne, als wollte man das Pausieren hier doch zeitlich begrenzen.

Die Adresse ist Barfüßerstraße. Von oben gesehen ist das eine Straße in T-Form. Es gibt einen Eingang hinein in einen ummauerten Hof von der Seite Barfüßerkirche/Hotel. Da ist unter anderem die Raucherecke der hart an den Schreibtischen der Macht Arbeitenden.

Unser Eingang ist in der »anderen« Barfüßerstraße. Am Tor etwas Geschichte in Kurzform: Kloster der Augustiner-Eremiten mit Klausurhof. Die Mönche kauften mal eben kurz ein paar Häuser auf, rissen sie ab, um ihr Kloster auf das Grundstück zu bauen. 1651 war dies hier eins von insgesamt vier Domizilen der Augustiner in Erfurt. Ab 1818 weltliche Nutzung. Es wurde ruppig umgebaut, um ein Militärkasino eröffnen zu können. 30 Jahre – von 1922 bis 1952 – residierte hier die Polizei. Dann wurde es ein Verwaltungsgebäude für Stadt und Landkreis. Zeitweise Finanzamt, Eingang Meister-Eckehart-Straße. Ein Stückchen des Gebäudekomplexes gehört den katholischen Senioren. Die sitzen hier gern bei Kaffee und Kuchen und lauschen Vorträgen oder singen Volkslieder. Sonst ist es immer sehr ruhig.

Adresse Barfüßerstraße, 99084 Erfurt-Altstadt | ÖPNV Straßenbahn 2, Haltestelle Angerbrunnen | Öffnungszeiten April – Dez. Mo – Do 9 – 17 Uhr, Fr 9 – 13 Uhr | Tipp Das Kleinkunst-Theater »DASDIE Brettl« an der Ecke Lange Brücke / Regierungsstraße war früher eine Tanzbar. Heute gastieren hier Comedians, Kabarettisten, Travestie- und Varietékünstler.

111 Der Zughafen

Ehrliche Musik und die Leute dazu

Manche Orte sind ganz ungeheim und ungemein wichtig. Als Geheimtipp kann man sie nicht bezeichnen, aber sie tragen oft in aller Einfachheit ein Geheimnis in sich. Und was ist das für ein Ort? Der alte Güterbahnhof. Das ist das Haus, die äußere Hülle also. Hier werden keine Züge und Güter mehr abgefertigt. Und innen sieht es stellenweise aus wie eine Studenten-WG. Ein sehr lebendiges, sympathisches Drunter und Drüber, nach Aussagen der hier Wirkenden aber beherrschbar. Tja, manche beherrschen das Chaos. Es ist ein Haus voller junger Leute und Jung-Unternehmen, die alle ein paar Seiten mitgeschrieben haben an einer Erfurter Erfolgsgeschichte mit einem kleinen Umweg über Köln.

Ein junger Mann namens Thomas Hübner, nicht gerade schul- und lehrerkompatibel, brach 1998 auch noch seine Friseurlehre ab und traf glücklicherweise auf einen Mann mit Mumm und einem Riecher für musikalische Trends. Hübner machte schon seit Jahren Musik und hatte als Clüso für erstes Aufsehen gesorgt. Man zog also nach Köln, um ins größere Musikgeschäft einzusteigen. Aber von der dortigen 10vor10-Studio-Zeit ist nur der Zeigerstand der Bahnhofsuhr am Erfurter »Zughafen« geblieben. Clueso fand zurück zu seinen Wurzeln und Freunden.

Seitdem wächst das Gruppenprojekt stetig, ohne an Bodenhaftung zu verlieren. Goldene Schallplatten haben sie, die Leute vom Zughafen, und den Kulturpreis der Stadt Erfurt. Belohnte Teamarbeit. Für Schaumschläger und Fuzzis jeder Art beziehungsweise Unart ist das hier No-go-Area. Bässe wummern. Telefone klingeln. Siebdruckmaschinen zischen. In den großen Hallen herrscht entweder logistische Hektik oder Lagerruhe. Eine der Hallen könnte das nächste Projekt sein. Man träumt von einem neuen Veranstaltungsort für kleine Konzerte.

Der »Zughafen« ist kein Profitscheffelprojekt. Aber es kommt doch was rein, und das kommt vielen zugute.

Adresse Zum Güterbahnhof 20, 99085 Erfurt-Krämpfervorstadt | ÖPNV Bus 9, Haltestelle Ruhrstraße | Anfahrt über die Thälmannstraße zum alten Güterbahnhof | Tipp Clueso hören und vieles verstehen. Der Erfurter Musiker ist Komponist und Textautor seiner Songs. Live-Konzerte sind für manche eine Offenbarung.

112 Bonusort

Ein Ort zum Herumtragen

Der sächsische Dichter Joachim Ringelnatz wünschte sich nach seinem Umzug nach Berlin, er könne seine neue Heimatstadt als Hose anziehen. Er hätte dann auf seinen Wanderwegen Berlin immer um sich. Verlaufen wäre dann unwahrscheinlich.

So eine ähnliche praktische Idee hatten die Erfurter Touristiker, als sie merkten, dass ihre knallrote Umhängetasche mit dem weißen Erfurter Wappenrad reißenden Absatz fand. Also erfanden sie die Erfurt-ist-überall-Tasche.

Im Gegensatz zu Ringelnatzens Hose hat die Erfurter Tasche allerdings einen unbestreitbaren Vorteil: Man muss sie nicht in aller Öffentlichkeit ausziehen, um den genauen Straßenverlauf, der sich vielleicht im Schritt verliert, zu studieren oder einen Parkplatz zu suchen oder eine Erfurter Sehenswürdigkeit. Alles liegt auf einen Blick offen vor dem Betrachter. Auch das nervende Auseinander- und Wiederzusammenfalten bei böigem Wind entfällt. Ein kurzer Blick, und man weiß Genaueres über den richtigen Weg durch die Innenstadt, die oft auch zärtlich Altstadt genannt wird. Man kann als freundlicher Erfurter, hat man diese Umhängetasche weitblickend umgehängt, vielen orientierungslosen Touristen den Weg weisen – demzufolge ist die Tasche ein richtungsweisendes Thüringer Produkt. Und die Tasche ist außerhalb Erfurts als werbeträchtiger Hingucker nutzbar, am besten im Zusammenblick mit einer jungen, schönen Frau.

Das Innenleben der Tasche zeichnet sich durch eine funktionale Unterteiltheit aus (der Autor ist stolz auf seine Formulierungskunst) und bietet genügend Platz für Transportgut im A 4-Format, also auch für einen Tablet-PC, auf dem man alle Straßen zeigen kann, die nicht auf der Kartentasche zu sehen sind. Ja, kann man sich schenken oder sich schenken. Erfurt lässt sich im Herzen tragen und an der bevorzugten Körperseite. Erfurt-ist-überall-Taschenträger haben eine tragende Rolle im Stadtmarketing.

Tipp Stadtführungen sollten auch Einheimische mal mitmachen; verschiedene Angebote über die Tourist-Information Benediktsplatz. So lernt man endlich mal seine Heimatstadt kennen.

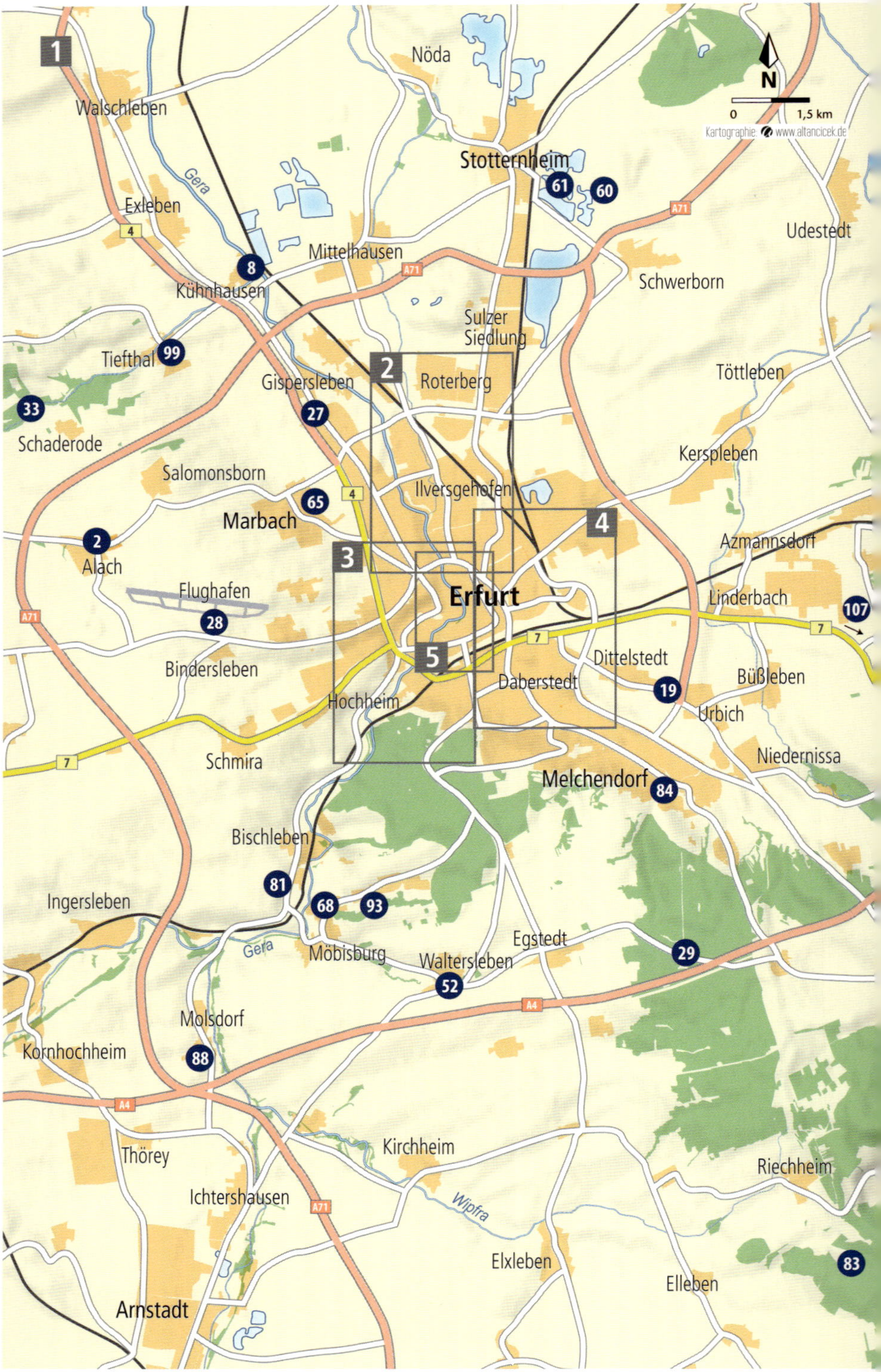

1
N
0
1,5 km
Kartographie: www.altancicek.de
Nöda
Walschleben
Stotternheim
61
60
Gera
Exleben
A71
Udestedt
4
Mittelhausen
8
A71
Schwerborn
Kühnhausen
Sulzer
Siedlung
Tiefthal
99
2
Roterberg
Töttleben
Gispersleben
33
27
Schaderode
Kerspleben
Salomonsborn
Ilversgehofen
65
4
Marbach
4
Azmannsdorf
2
3
Alach
Erfurt
Linderbach
Flughafen
107
A71
28
7
7
5
Dittelstedt
Bindersleben
Büßleben
19
Daberstedt
Hochheim
Urbich
Schmira
Niedernissa
7
Melchendorf
84
Bischleben
81
Ingersleben
68
93
Gera
Egstedt
Möbisburg
29
Waltersleben
52
A4
Molsdorf
Kornhochheim
88
A4
Thörey
Kirchheim
Riechheim
Ichtershausen
A71
Wipfra
Elxleben
Elleben
83
Arnstadt

2
N
0
250 m
Kartographie: www.altancicek.de
46
108
Zum Zoopark
Am Zoopark
Stotternheimer Straße
HOHENWINDEN
ROTERBERG
August-Röbling-Straße
7
Am Roten Berg
Bunsenstraße
Straße der Nationen
Stotternheimer Straße
RIETH
85
106
Mainzer Straße
Mittelhäuser Straße
Hugo-John-Straße
Salinenstraße
41
Riethstraße
79
Magdeburger Allee
34
Wermutmühlenweg
Gera
Friedrich-Engels-Straße
Paul-Schäfer-Straße
ILVERSGEHOFEN
JOHANNES-
VORSTADT
Ammertalweg
74
Hans-Sailer-Straße
Wenden-
47
straße
Nordpark
72
102
5
Nordhäuser Straße
13
Auenstraße
Magdeburger Allee
Friedrich-Engels-Straße
Eugen-Richter-Straße

3
50
Blumenstraße
Asternweg
Blumenstraße
Mühlhäuser Straße
Bergstraße
Talstraße
Schlüterstraße
4
Heinrichstraße
Biereyestraße
Andreasstraße
Lauentor
ALTSTADT
Biereyestraße
76
Binderslebener Landstraße
109
Bonemilchstraße
Brühler Herrenberg
11
Juri-Gagarin-Ring
36
Bonifacius-
straße
BRÜHLERVORSTADT
7
Gothaer Straße
Straße des Friedens
Espachteich
82
3
egapark
Schillerstraße
7
70
45
Alfred-Hess-Straße
Steigerstraße
Winzerstraße
15
22
57
87
Wartburgstraße
Gera
Motzstraße
LÖBERVORSTADT
Arnstädter Chaussee
HOCHHEIM
Steigerwald
Bischlebener Straße
95
N
0
250 m
Kartographie: www.altancicek.de
Arnstädter Chaussee

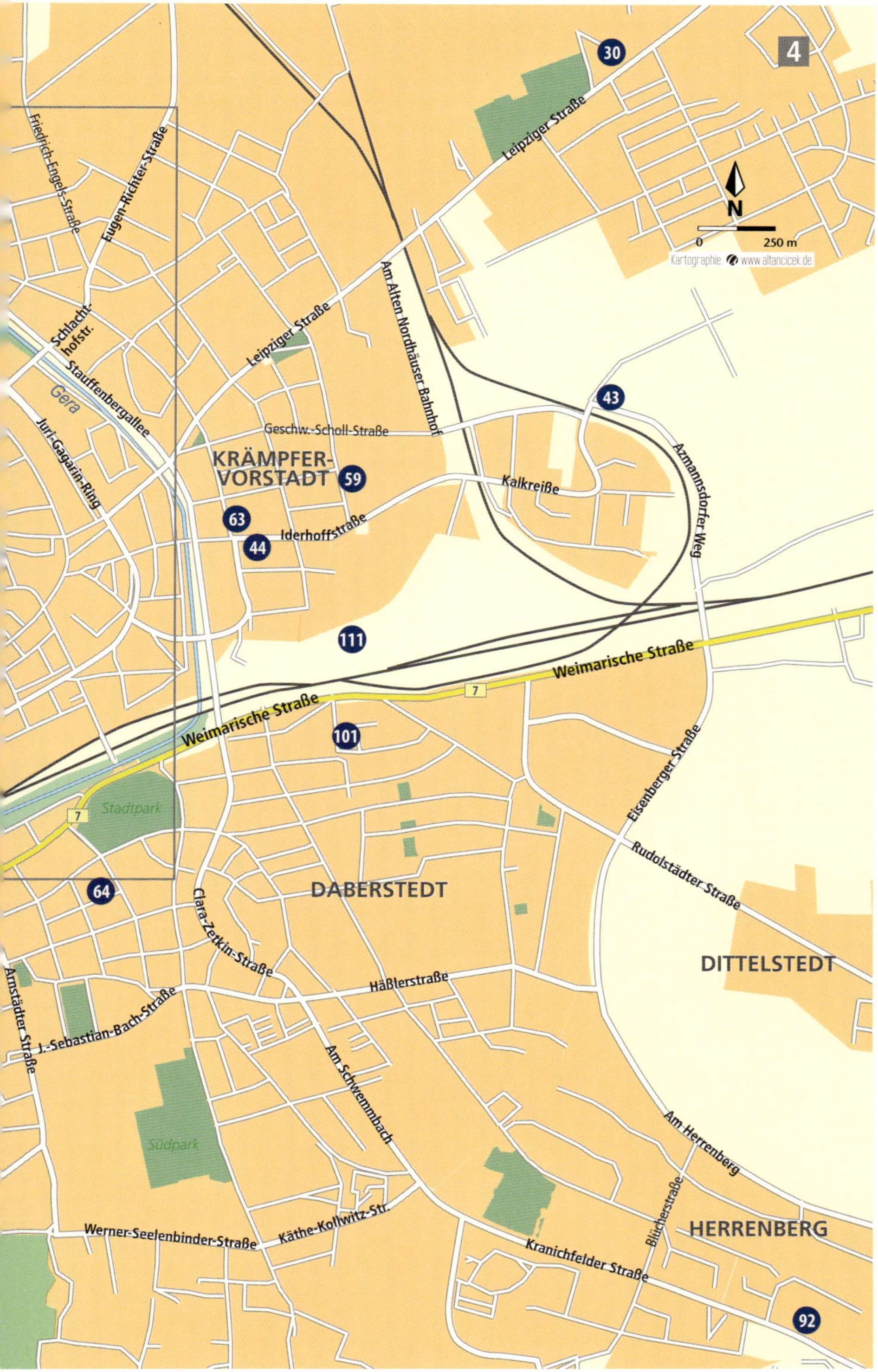
4
30
Leipziger Straße
N
0
250 m
Kartographie: www.altancicek.de
Friedrich-Engels-Straße
Eugen-Richter-Straße
Schlachthofstr.
Stauffenbergallee
Gera
Juri-Gagarin-Ring
Leipziger Straße
Am Alten Nordhäuser Bahnhof
43
Geschw.-Scholl-Straße
KRÄMPFER-
VORSTADT
59
Kalkreiße
Azmannsdorfer Weg
63
44
Iderhoffstraße
111
Weimarische Straße
7
Weimarische Straße
101
Stadtpark
7
Eisenberger Straße
Rudolstädter Straße
64
DABERSTEDT
Clara-Zetkin-Straße
DITTELSTEDT
Häßlerstraße
Arnstädter Straße
J.-Sebastian-Bach-Straße
Am Schwemmbach
Südpark
Am Herrenberg
Blücherstraße
Werner-Seelenbinder-Straße
Käthe-Kollwitz-Str.
HERRENBERG
Kranichfelder Straße
92

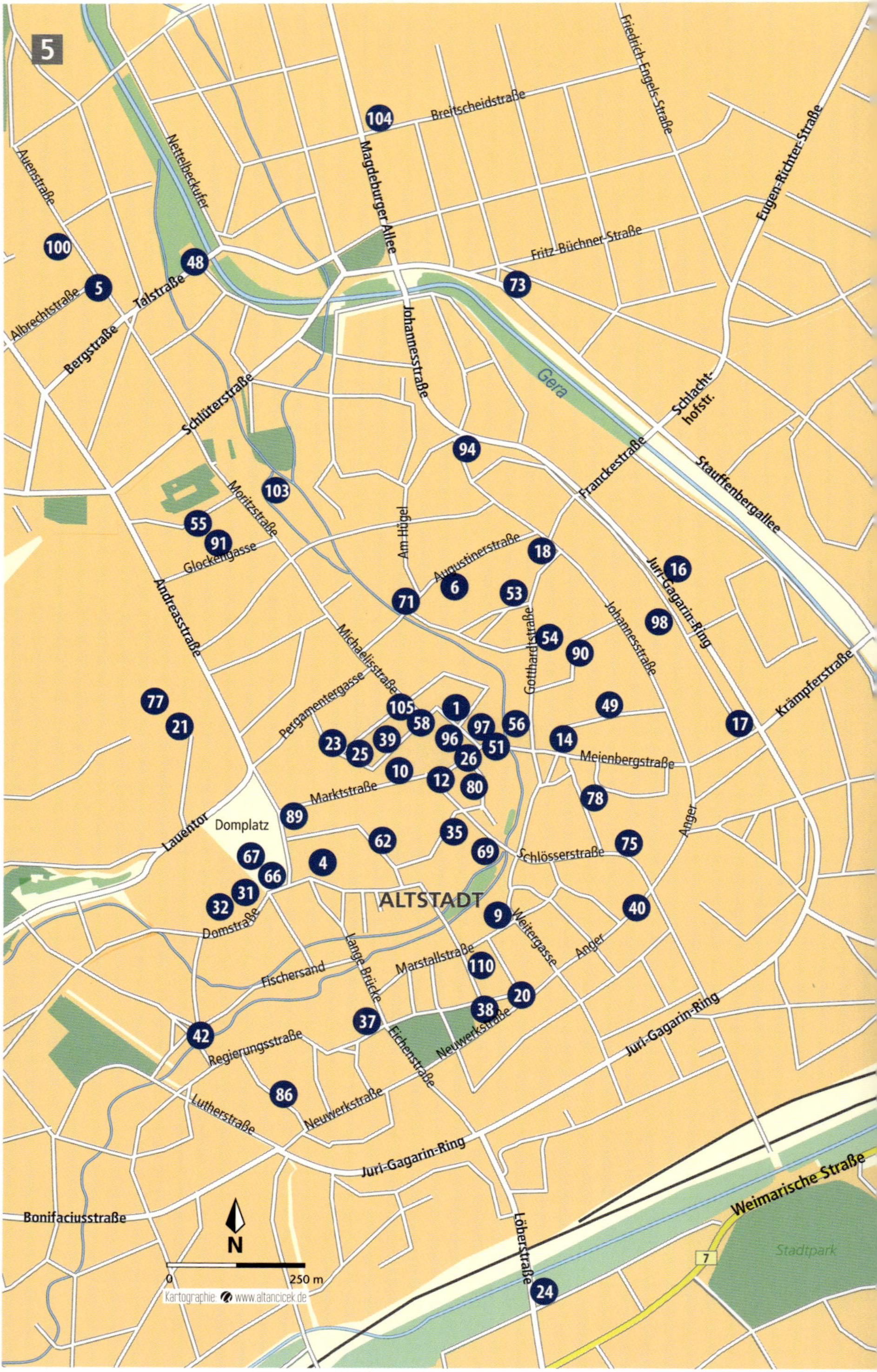

5
Breitscheidstraße
Friedrich-Engels-Straße
Eugen-Richter-Straße
Magdeburger Allee
Nettelbeckufer
Auenstraße
Fritz-Büchner-Straße
Albrechtstraße
Talstraße
Bergstraße
Johannesstraße
Gera
Schlachthofstr.
Schlüterstraße
Franckestraße
Stauffenbergallee
Moritzstraße
Am Hügel
Augustinerstraße
Glockengasse
Juri-Gagarin-Ring
Andreasstraße
Michaelisstraße
Gotthardtstraße
Johannesstraße
Krämpferstraße
Pergamentergasse
Meienbergstraße
Marktstraße
Domplatz
Lauentor
Schlösserstraße
Anger
ALTSTADT
Domstraße
Weitergasse
Fischersand
Lange Brücke
Marstallstraße
Anger
Juri-Gagarin-Ring
Regierungsstraße
Eichenstraße
Neuwerkstraße
Lutherstraße
Neuwerkstraße
Juri-Gagarin-Ring
Weimarische Straße
Bonifaciusstraße
N
0
250 m
Kartographie: www.altancicek.de
Löberstraße
7
Stadtpark
104
100
48
5
73
94
103
55
91
18
16
6
53
71
98
54
90
77
21
105
1
58
97
56
49
17
39
96
23
25
51
14
26
10
12
80
78
89
35
62
69
75
67
4
66
31
32
9
40
110
20
38
37
42
86
24